Printemps de Tunis

Abdelwahab Meddeb

Printemps de Tunis

La métamorphose de l'Histoire

Albin Michel

À la mémoire de Mohamed Bouazizi,
aux morts pour la Révolution,
notre reconnaissance.

1.

Par surprise

C'est arrivé par surprise. Personne ne s'y attendait. Pourquoi d'un coup un peuple décide-t-il d'en finir avec l'oppression ? Et avec la peur ? Il est facile de trouver a posteriori les raisons qui ont conduit à la fin d'un régime et d'une manière d'être. Et ces raisons, nous aurons à les exposer. Elles sont patentes. Mais l'énigme demeure : pourquoi la fin est-elle arrivée à ce moment ? Sans prévenir, la révolution tunisienne s'est concrétisée le vendredi 14 janvier 2011, jour où les événements se sont précipités. Lorsque le temps s'emballe, il se condense et crée une rupture qui réoriente l'histoire.

Il en a été ainsi une autre fois sur la scène contemporaine dont nous sommes les témoins. Souvenez-vous du 9 novembre 1989, la nuit où est tombé le mur qui séparait Berlin entre l'est et l'ouest. Une jeunesse a bravé la peur et défait la barrière qui sera en une nuit ébréchée, brisée, démolie. Et ses morceaux sont entrés dans le marché des reliques à l'instar des pièces supposées appartenir à la Bastille : n'ont-elles pas circulé de main en main à une autre époque qui a offert aux humains une autre date symbolique, celle du 14 juillet 1789 ?

En ces dates soudain se réalise ce qui semblait la veille impossible. Un système perçu immuable en un éclair s'effondre.

Le 14 juillet a enclenché le processus qui a abouti à un régicide, acte considérable par lequel un geste humain, strictement humain, anéantit une figure investie par la légitimité divine. La monarchie meurt, la République naît sur la guillotine, dès l'enclenchement du tranchant qui a coupé une tête couronnée, précipitée dans un baquet recueillant à flots le sang ayant habité le corps sacré du roi perpétué de siècle en siècle, et qui périt à l'instant sans plus jamais ressusciter.

Le 9 novembre a accéléré l'effondrement d'un empire dont on s'accommodait même si on en percevait les failles. À partir de cette date, la donne dans le monde a changé. Les rapports de force ont été redistribués. Certains théoriciens ont restauré la fin de l'histoire, elle qui ne connaît pas de fin. Fukuyama eut le tort de recourir à ce concept romantique que l'humanité ne cesse de malmener et de démentir.

Hegel avait vu l'accomplissement de l'humain à travers la phase historique de l'État censé réaliser la quintessence du christianisme où se cristallise la liberté du sujet dans sa forme la plus parfaite. Et

Fukuyama confirme ce stade suprême qu'atteint l'humain par la médiation du christianisme, en quoi la démocratie connaît son parachèvement.

Ces spéculations ne conduisent pas à la vérité ; elles ne se fondent que sur des conjectures.

Le 14 janvier est un événement qui a pour vertu de confirmer que l'histoire ne s'arrête pas. Le désir de liberté et l'appel à la démocratie ont émané du cœur d'un peuple d'islam informé de la référence occidentale assimilée à un acquis universel dont jouit tout humain.

La volonté populaire s'est concentrée pour hâter la chute d'un dictateur qui, en ayant cédé sans résister, illustre le vieil adage du colosse aux pieds d'argile, qu'actualise l'image du tigre de papier inscrite dans nos mémoires pendant notre jeunesse fascinée par un autre romantisme venu de Chine.

Le 14 janvier nous révèle que liberté et démocratie ne sont pas exclusivement assimilables à une genèse chrétienne. Et si cette hypothèse se vérifiait, nous recourrions aux catégories du soufisme qui estiment que la scène christique se ranime au sein de la croyance islamique. Celle-ci conserve dans ses coulisses les antériorités dont elle dérive. Parmi ces antériorités, nous comptons la geste christique et l'éthos qui la colore.

Mais nous préférons revenir à une des idées élémentaires de l'âge des Lumières. C'est un âge plus éclairant, plus honnête, plus universel, moins dogmatique que le système romantique de Hegel. Les

Lumières nous disent que la liberté, qui est au fondement de la démocratie, est une quête humaine appartenant au droit naturel. Il en est ainsi même si telle quête peut être entravée sinon voilée par certaines croyances, favorisée et encore stimulée par d'autres.

Comme les diverses dates ici rappelées, le 14 janvier constituera une rupture. Un monde, celui que nourrissent spirituellement l'arabité et l'islam, découvre la liberté, de quoi il semblait pour toujours coupé. Et la liberté revendiquée par le sujet trouve son expression politique dans le désir démocratique.

Avec cet avènement des Arabes et des gens d'islam à la liberté, une relance de l'histoire se propose pour ce monde et pour le monde. Elle aura ses cimes et ses dépressions, ses flux et reflux, ses hauts-fonds et ses gouffres, ses crues et ses étiages, ses avancées et ses régressions, ses intempéries et ses accalmies. Nous sommes embarqués dans un vaisseau qui sera tantôt ballotté par la houle tantôt à peine bercé par la bonace. Le but est de guetter le vent favorable pour parvenir à bon port. Mais jamais rien ne sera comme avant.

2.

Ici commence

Ici commence l'événement, à Sidi Bouzid, lieu perdu, émergeant du monde des steppes, celui-là même qui a été une vastitude pour une société nomade pastorale, voilà à peine un demi-siècle. En cet espace survivaient les tribus descendant des Bédouins Banû Hilâl, venus jusqu'ici au XIe siècle, après leur halte nilotique. Ils étaient les agents destructeurs de tout signe de sédentarité. « Quand les tribus arabes déferlent s'instaure la ruine », écrivait à leur propos Ibn Khaldûn, le grand historien tunisois du XIVe siècle (*idhâ 'urribat khurribat*).

Peut-être est-ce avec leur apparition que sera confirmée la vocation pastorale d'un tel espace accueillant un cheptel de transhumance, se déplaçant l'été, après les récoltes de blé, vers les domaines céréaliers du nord, que les Bédouins nommaient *frîguia*, lointain souvenir de l'Africa romaine. Celle-ci, dans leur imaginaire, a été réduite à sa part fertile, celle des plateaux septentrionaux que les Latins appelaient le grenier de Rome. Toutefois, l'Africa, dans son intégrité, s'est perpétuée comme nom qui a été adapté *Ifriqiyya* dans la toponymie arabe médiévale.

Aucun vestige d'urbanité arabe ne peut, dans cette région, entrer en émulation avec les restes romains ou byzantins de Sbeitla ou de Haïdra, à l'ouest de Thala. Pour retrouver un patrimoine monumental équivalent, il faut remonter cent kilomètres plus au nord et percevoir au loin le minaret annonciateur de Kairouan, qui emboîte d'étroites formes pyramidales étêtées par imitation, dit-on, du phare d'Alexandrie.

Certes les historiens et les archéologues nous informent que le dépeuplement de ces cités latines des steppes a été antérieur à la première conquête arabe (fin VIIᵉ siècle). Mais il est sûr que ce recul de la sédentarité a été définitivement confirmé par la vocation pastorale des tribus bédouines arrivées sur les lieux au XIᵉ siècle. Ce sont elles qui ont participé à l'arabisation de l'Africa. Celle-ci fut facilitée par un relief peu hérissé, par la quasi-absence de montagnes qui, ailleurs dans le Maghreb, ont servi de refuge pour des Berbères résistant à l'invasion dans le dessein de sauvegarder leur langue et leurs coutumes, qui survécurent au sein de la croyance diffusée par les conquérants – ainsi sont-ils devenus adeptes d'un islam malékite fortement adapté à leur droit coutumier (le *'urf*).

Sur ces terres se jugeait l'efficience du pouvoir prémoderne soumis à la dualité bricolée par Ibn

Khaldûn qui divise l'espace de la souveraineté entre le *bled al-makhzen*, la territorialité où s'exerce l'autorité de l'État et le *bled es-sîba*, domaine des rebelles dont la dissidence se manifeste pendant les campagnes de ponction fiscale.

De ce monde nous est léguée une épopée transmise oralement (la *Sîra Hilaliya*, ou « La Geste hilalienne ») qui conte la migration des tribus arabes d'est en ouest avec les amours sublimées autour de la belle Jâzia et les rivalités exaltant l'héroïsme des hommes qui l'entourent, desquels se détache Bouzid. Il s'agit d'une forme poétique déjà repérée et analysée en sa singularité par le même Ibn Khaldûn.

À cet espace des marges nous pensions avec Bourguiba lorsque, à la fin des années 1950 et aux débuts des années 1960, il évoquait, dans ses discours didactiques sur l'édification de l'État, la nécessité d'éradiquer l'esprit tribal mû par l'instinct de désobéissance. Bourguiba, lecteur de Rousseau et de Condorcet, savait que le missionnaire de la République se devait d'être l'instituteur du peuple.

L'État postcolonial a œuvré pour transformer en zone agricole la partie orientale de la steppe, celle qui reçoit la queue de l'influence marine sur un rayon de cent kilomètres. Aussi l'arboriculture adaptée au climat semi-aride y a-t-elle prospéré. Désormais l'oliveraie enveloppe Sidi Bouzid, devenu un lieu urbain où s'agglomèrent quelque quatre-vingt mille personnes sur qui l'ombre de l'aisance n'a pas flotté. On y décompte une masse de métayers et d'ouvriers agricoles doublée d'une autre masse de chômeurs et de désœuvrés, qui ne tirent pas avantage des produits de leur région, allant quasi intégralement vers Sfax, la capitale du sud.

Sidi Bouzid est un établissement humain où pullulent des cafés habités de fantômes. Sur la Toile cybernétique, un Franco-Tunisien dont la famille est originaire du coin décrit son désarroi au souvenir des étés caniculaires et de néant qu'il y avait passés enfant, il évoque une atmosphère qui serait adéquate pour recevoir certains personnages de Beckett habités par un vide irrévocable.

C'est ici qu'a commencé la séquence qui aboutira à la révolution tunisienne le 14 janvier 2011. Sur une des places de ce gros bourg a brûlé le bûcher de notre rédemption : là s'est consumé Mohamed Bouazizi pour sortir tout un peuple d'une léthargie coupable.

3.

De Siwa à Alexandrie

Lorsque le 17 décembre 2010, Mohamed Bouazizi a allumé le feu dans son corps, j'étais à Siwa, dans l'oasis la plus occidentale d'Égypte qui abrite l'expression berbère la plus orientale. L'information nous est parvenue, ténue en sa gravité alors que nous étions à huit cents kilomètres du Caire, à trois cents kilomètres du rivage méditerranéen, non loin des frontières libyennes, au bord du désert de sable le plus vaste du monde, celui dont les dunes s'interpénètrent sans s'interrompre vers le sud sur une profondeur de huit cents kilomètres.

Nous étions avec des amis les hôtes de Mounir Neematalla, une des grandes figures de la société civile en Égypte, fondateur d'un bureau d'études pour un développement durable en harmonie avec les données anthropologiques et écologiques. Nous accompagnions une mission de deux experts qu'il accueillait pour contribuer à améliorer les conditions de vie des Siwis dans la sauvegarde de leur environnement.

Robert Andréi, médecin, et Antoine Orsini, professeur à l'université de Corte, spécialiste de l'eau, appartiennent à une ONG corse qui a déjà réalisé des projets en Chine. Ils étaient à Siwa en enquête préliminaire pour concevoir un projet combinant l'action sociale, sanitaire et écologique. Le thème de l'eau fédère ces multiples dimensions.

Il y avait parmi les présents un couple d'universitaires, des compatriotes franco-tunisiens, Norhene et Mohamed Jaoua. Ce dernier est engagé dans l'aventure de l'université française d'Égypte qui a pris l'initiative de cette mission, sous l'impulsion d'Amina, mon épouse, attachée de coopération universitaire à l'ambassade de France. Nous évoquions discrètement les événements, qui nous parvenaient du fond de la Tunisie sans que nous en ayons mesuré la portée. Nous discutions de la difficulté de juger les informations émanant d'un pays sous contrôle policier. Mais nous étions impressionnés par le geste inouï de Bouazizi, cette protestation contre l'inique par le sacrifice du feu.

La suite des jours en Égypte laissait une part de nous-mêmes à l'écoute d'informations sporadiques qui annonçaient la persistance des protestations. La flambée de violence a atteint d'autres sites de la steppe, tel Menzil Bouzaiène où Houcine Néji s'est immolé à son tour devant la foule le 22 décembre. La contagion protestataire s'est répandue à Meknassi, Kasserine, Feriana, Thala pour remonter jusqu'au Kef. La répression était sanglante et disproportionnée.

Les journaux arabes insistaient sur le chômage qui sévit chez les diplômés. Le sujet apparaissait timidement dans la presse internationale. La seule chose qui attirait notre attention était que le mouvement ne cessait pas, il s'amplifiait. La bataille entre insurgés et police prenait l'allure d'une sanglante intifada dont nous parvenaient d'obscures et instables images, diffusées par al-Jazira : la chaîne qatarie émettait la matière visuelle qu'elle recevait via le téléphone mobile et Internet. Amina, qui circulait à travers la Toile, me rapportait que les événements gagnaient en intensité. Selon sa lucidité habituelle, elle a pressenti qu'il n'était pas question d'une « révolte du pain » de plus, mais d'une protestation de type inédit.

Notre invitée canadienne, Madeleine Gobeil, qui se trouvait au Caire après avoir présenté son film *Portraits croisés de Sartre et de Beauvoir* à l'université, nous dit son attachement à la Tunisie et les amitiés qu'elle y a nouées. Elle y a rencontré des personnes de grande qualité intellectuelle et morale qui maintiennent dans le retrait la probité de l'être. Ce sont des gens de cette densité qui sortiront de leur tanière dans la phase décisive qui aboutira à la chute de l'autocrate voyou.

Puis nous avons été confrontés à un autre événement dont nous avons partagé in situ l'horreur. Au Caire nous avons appris que le premier fait de

19

l'année commencée il y a à peine vingt minutes a été l'explosion d'un autre sacrifié devant l'église alexandrine des Deux Saints.

Nous sommes confrontés encore une fois au scandale du massacre des innocents produit par des séditieux au nom de l'islam. Encore une fois, nous recevons le choc de ceux qui se tuent pour tuer le plus grand nombre. Le fanatisme aveugle accumule ses crimes. Les chrétiens autochtones priant en leur temple sont la cible d'une stratégie maléfique dont les agents se font exploser pour déchiqueter le maximum de corps. Ce qui s'est passé à Bagdad il y a deux mois se renouvelle à Alexandrie.

Tout à notre malheur devant l'impuissante rage que provoque le terrorisme, entiers en notre deuil, voués à la consolation de nos amis coptes, en empathie avec la compassion des Égyptiens toutes confessions mêlées, partageant la fraternisation où se dissout le critère religieux, ethnique, national, nous ne mesurions pas encore l'éclat et la puissance symboliques du geste de Mohamed Bouazizi qui s'était sacrifié en n'offrant que ce qu'il possédait en propre et ce dont il disposait dans sa liberté, ne donnant que son seul corps sans se conformer aux scènes macabres tant diffusées depuis le 11 septembre 2001. Il n'avait pas ajouté son image à ces lambeaux de chair qui nous renvoient à ceux qui se tuent pour emporter avec eux dans la mort une masse de victimes.

Avec Bouazizi, on est loin de l'attentat-suicide,

ultime perversion du djihad. Dans la tradition, celui-ci était soumis à des règles strictes, en conformité avec les lois de la guerre qui épargnent les vieillards, les femmes, les enfants, les orants en prière, les arbres, le cheptel. L'acte de Bouazizi nous approche du geste chevaleresque du protestataire qui s'immole, ce par quoi nous a émus, à l'époque de la guerre du Vietnam, le bonze Thich Quang Duc qui s'est livré au feu à Saigon en 1963 pour dénoncer le régime de Ngo Dinh Diem protégé par les États-Unis en campagne militaire contre le Nord et leurs alliés du Sud. Bouazizi actualise le code d'honneur bouddhique qu'illumine l'étoffe safran portée par les bonzes comme en accord avec les flammes qui les consument.

4.

Retour à Paris

Le jour où succombe Bouazizi à ses brûlures, je retrouve Paris. C'était le 5 janvier. Je rencontre l'écrivain japonaise Ryoko Sekiguchi qui m'interpelle : il se passe des choses graves dans votre pays, les cybernautes tunisiens en rendent compte avec courage et constance, nous recevons beaucoup d'images, et bien des témoignages, la presse n'en parle pas, ou pas assez. C'est au moins aussi important que ce qui nous est venu d'Iran en juin 2009. Et pourtant les intellectuels manquent au rendez-vous.

L'ampleur de l'événement m'est confirmée par ma fille Hind. Elle découvre sur Internet une jeunesse tunisienne créative, active, subtile, déterminée. La génération du digital s'exprime avec audace et dans la liberté. Le tabou du silence est brisé. Par Hind j'ai été introduit sur Facebook, sur Twitter. Et je découvre, à mon tour fasciné, cette jeunesse qui a réussi à traverser la censure, à déjouer le contrôle de l'information, à tordre la main de fer de la dictature. Je constate que la bataille de la communication est susceptible d'être gagnée.

Non seulement le mouvement ne cesse pas, mais il grandit. Le téléphone portable doublé d'Internet assure la circulation de l'information en vue de la coordination des actions. La jeunesse des classes moyennes habitant les villes du littoral s'est articulée au mouvement de protestation parti des steppes, de l'intérieur, de la région la plus négligée du pays. Les marges et le centre s'accordent dans le refus de la répression et disent leur dépit au système politique qui s'enferme dans sa morgue et décide de tuer en réponse à des protestations pacifiques. Ils disent aussi leur indignation devant la propagande officielle qui les assimile à des voyous, à des délinquants, à des extrémistes, à des casseurs et des pilleurs.

Mais j'avoue n'avoir pas encore mesuré la portée des événements. Le samedi 8 janvier, un journaliste du *Corriere della Sera* m'appelle pour m'interroger sur les événements de Tunisie et ceux d'Algérie, laquelle vient à son tour de s'embraser. Ce jour encore, je juge la situation dans les deux pays voisins à la même hauteur. J'y vois une jeunesse qui proteste contre l'exclusion et la difficulté d'être, contre l'atteinte au pouvoir d'achat que subissent les classes moyennes partout dans le monde après la crise financière.

5.

Émirat et dictature

Dans mon échange avec le journaliste italien, je rappelle que les régimes qui tuent leurs jeunes portent en eux, quelle que soit leur nature, la rémanence de l'émirat. Cette forme autocratique perpétue le pouvoir absolu. C'est la structure tyrannique et despotique qui, au long de l'histoire, s'est adaptée à la réalité islamique. De cet archaïsme procèdent les dictatures qui sévissent sur la rive sud de la Méditerranée.

Un hiatus se creuse lorsque la rémanence de l'émirat ne s'exprime plus dans des monarchies héritées ou restaurées, mais dans des institutions qui se proclament républicaines et démocratiques. L'écart entre le sens des mots et la réalité des faits crée une situation schizophrénique. La distance qui sépare le discours du réel instaure une scission dans les consciences qui trouble le discernement, perturbe l'intelligence, entrave la simple saisie. Cette distorsion entre le mot et la chose porte atteinte à la fonction du logos, désaccorde le lien entre le langage et le monde. L'appréhension des phénomènes se bloque. L'abus du mot précipite la défaite du nominalisme. C'est un des aspects qui caractérisent la dictature de Ben Ali.

En vérité, cette dictature n'est pas une invention de Ben Ali. Celui-ci l'a héritée de Bourguiba. L'État créé par Bourguiba a une triple genèse. Il y a d'abord la matière du droit positif qui est présente dans la Constitution de 1959. Si l'article premier stipule que l'islam est la religion de l'État, ce n'est pas pour mettre en circulation la référence religieuse mais pour la neutraliser. Ainsi la sharia a-t-elle été forclose. Cette disposition correspond à la théorie de Hobbes. Le prince soumet à son autorité le pontife et fait de l'État une entité redoutable symbolisée par le Léviathan qui englobe à la fois la bête, l'homme, la machine et Dieu.

Cette surpuissance est confirmée par le régime présidentiel. Celui-ci tient du décisionnisme de Carl Schmitt, à l'instar de la Constitution quasi contemporaine de la Vᵉ République conçue par Michel Debré et René Capitant pour de Gaulle. Au reste, ce décisionnisme a permis à Bourguiba d'imposer à une société de genèse islamique le libéral et moderne statut personnel qui constitue un acquis pour les Tunisiens, auquel doivent beaucoup les derniers événements.

La force de la machine étatique sera renforcée par l'adaptation du système du parti-État stalinien. Cette structure a été privilégiée dans les dictatures arabes, qu'elles soient populistes, nationalistes ou, comme en Tunisie, libérales. Le démantèlement de cette structure sera l'un des enjeux de la révolution du 14 janvier.

La domination du parti unique sur la société a été l'une des raisons qui ont contribué à mon expatriation en octobre 1967. Du fait de l'hégémonie du parti socialiste destourien issu du Néo-Destour, l'atmosphère était irrespirable. Lorsqu'on tient à préserver sa liberté, lorsqu'on ne veut pas être l'otage du politique, lorsqu'on sent qu'on n'a pas la force de lui résister, il ne reste plus qu'à prendre le large.

Et la troisième caractéristique de l'exercice de l'autorité par Bourguiba procède de l'émirat. Cette idée avait été proposée par Mahmoud Messadi, intellectuel et écrivain destourien de la génération de l'indépendance, ancien ministre de l'Éducation, puis de la Culture.

J'ai souvenir de certaines interventions de Bourguiba qui le transforment en un Haroun al-Rachid des *Mille et Une Nuits*, autocrate redresseur de torts, suspendant la procédure judiciaire pour s'improviser justicier distribuant le satisfecit et le blâme, le châtiment et la récompense.

Ainsi le président se double d'un chef de parti et d'un émir. C'est ce qui parachève la figure du dictateur dont a hérité Ben Ali, à laquelle il a ajouté la figure du voyou et du mafieux.

Ce n'est pas un hasard si la mafia a prospéré en

Sicile. Cette île a connu à l'époque médiévale la présence de l'émirat dont le dispositif a perduré chez les Normands à partir du XIIe siècle et chez les Souabes dès le XIIIe siècle. Je ne sais pas s'il s'agit d'une étymologie fantaisiste mais des connaissances italiennes arabisantes supposent que l'*omerta* est la translittération du mot d'ordre de la servitude adaptée à l'émirat. Se disant en arabe *al-amr wa't-tâ'a* (« le commandement et l'obéissance »), l'expression glisserait en vulgaire sicilien pour devenir l'*omerta*, la loi du silence. Faut-il conclure que la figure de l'émir porte en elle celle du mafieux ?

L'avènement de l'État au statut de voyou a une genèse propre. Si j'ai bon souvenir, le terme de *Rogue State* a été inventé par un des conseillers de Reagan qui l'a appliqué à la Libye de Kadhafi pour justifier le bombardement de sa smala. Mais la notion est à déconstruire car en agissant ainsi l'État de droit américain se transforme en État voyou. Cette notion est en puissance dans tout État, fût-il des plus honnêtes. Invoquant l'alibi du « coup d'éventail », l'État français, en menant l'expédition d'Alger en 1830, a agi en État voyou. Avec le mensonge des armes de destruction massive, l'État américain, sous l'égide de Bush Junior inspiré par les néoconservateurs, se découvre État voyou en envahissant l'Irak en 2003.

6.

La responsabilité de Bourguiba

Nous sommes en droit d'en vouloir plus à Bourguiba qu'à Ben Ali. Sans Bourguiba il n'y aurait pas eu Ben Ali. L'un est l'héritier médiocre de l'autre. Cette succession a pu avoir lieu pour deux raisons : d'abord, comme tout dictateur, Bourguiba a fait le vide autour de lui. Les porteurs de talents ont été éliminés. Ensuite, avec l'instauration de la présidence à vie et la sénilité, la fin du règne de Bourguiba a connu une déliquescence qui a ajouté au vide la multiplication des intrigues. Cette situation a rendu nécessaire la présence d'un policier à la tête du gouvernement, faisant de Ben Ali un successeur légitime.

On pouvait s'attendre à davantage de précautions de la part de Bourguiba : n'était-il pas un homme de culture qui connaissait l'histoire, le droit et la technique de la gouvernance ? Ses ambivalences, paradoxes et autres ambiguïtés ont créé la structure de la dictature. Bourguiba n'a pas accompli le travail sur soi pour concilier sa double généalogie intellectuelle européenne et islamique, française et arabe, moderne et archaïque. Cette généalogie était porteuse de mémoires inconciliables dont il avait à prendre conscience pour en conjurer le péril.

Nous en voulons à Bourguiba d'avoir annulé les décisions prises par son parti lors du congrès de Monastir en 1971. Or, c'était l'occasion, pour lui, de tirer les conséquences des deux tendances irréconciliables qui se sont exprimées. Il eût été judicieux de dissoudre l'organisation destourienne et de la scinder en deux entités qui nous auraient affranchis du parti unique pour initier le pays à une démocratie à l'anglo-saxonne jouant l'alternance entre libéraux et conservateurs d'égale influence.

Il est vrai que la vie politique tunisienne était empoisonnée par la donnée régionaliste qui s'est exprimée lors du congrès de Monastir, les deux tendances qui se sont opposées ont été surdéterminées par leur appartenance régionale qui a ravivé le passif entre Tunisois et Sahéliens. Ces derniers, dont fait partie Bourguiba, émanent de cet espace central de la Tunisie qui jouxte le littoral d'une concaténation de bourgs s'enchaînant entre Mahdia, Monastir et Sousse. Ce sont les Sahéliens qui, dans l'État postcolonial, ont amoindri l'influence de Tunis, assimilée à la Régence beylicale qu'a remplacée la République.

La manière dont Ben Ali a traité Bourguiba reste impardonnable. Il y a de quoi l'accabler pour avoir bâclé les funérailles de son prédécesseur par une scénographie détestable qui n'était pas seulement le miroir de son inculture et de la laideur qu'il allait promouvoir par une coupable ignorance. Il y avait dans cette cérémonie misérable une intention de minorer l'événement, de le marginaliser, d'en obstruer l'accès aux personnalités nationales et internationales demeurées fidèles au défunt qui, malgré ses excès, ses manquements et ses dérives, reste un grand homme.

Nonobstant son autoritarisme morbide et son attachement inconscient à la figure tyrannique de l'émir, n'a-t-il pas neutralisé la référence religieuse en systématisant le recours au droit positif ? Bourguiba restera l'artisan de cette conquête rare et précieuse dans un pays appartenant à la sphère islamique toujours hantée par le droit divin et la prétendue consubstantialité du religieux et du politique.

7.

Sur la Toile

Je replonge dans Internet. J'en découvre les héros, ceux qui font l'événement. La blogueuse Lina Ben Mhenni a pris bien des risques pour diffuser de précieuses informations sur les émeutes meurtrières qui s'étendent en Tunisie. Lundi 10 janvier, elle a mis en ligne les photographies de cinq victimes. Nous apprenons l'arrestation d'un autre blogueur, Hamadi Kaloutcha, pseudonyme de Sofiane Belhaj que je rencontrerai à Tunis une semaine après et qui est un « ancien » de la Toile puisqu'il a créé dès 2007 son blog intitulé *I have a dream : La Tunisie démocratique*. Deux autres blogueurs sont arrêtés. Ce sont Slim Amamou et Azyz Amami, deux des têtes de la blogosphère qui ont affronté avec maestria la cyberpolice incarnée par Ammar 404. Nous sommes au cœur d'une guérilla électronique.

Vers le site Nawaat (« Noyau ») convergent bien des informations, des témoignages. J'y lis un beau texte écrit par un élève du lycée d'élite Habib-

Bourguiba, ex-lycée Carnot, le Henri-IV de Tunis. Le jeune homme évoque son passage du silence à la parole, la décision irréversible qu'il a prise de ne plus taire ce qu'il pense, de dire tout haut ce qui se trame dans son esprit et dans son cœur, de rendre publique la parole intime, de passer de la culture de l'implicite à celle de l'explicite, de prendre ce risque-là, de n'être plus dans la précaution, de n'avoir plus à cacher son opinion autant par lâcheté personnelle que par peur de troubler la quiétude de ses parents, de sa famille.

Tels sont les procédés de la dictature. Lorsqu'un jeune rompt la loi du silence, outre l'atteinte à sa personne, le régime envoie ses sbires chez les parents, pour les tourmenter. Leur téléphone est coupé. Le matin, ils trouvent les quatre pneus de leur voiture crevés. Ils reçoivent la visite d'un inspecteur des impôts pour un contrôle fiscal dont on devine la malveillance. Telles sont les premières mesures d'intimidation que le jeune témoin égrène.

Au détour d'une phrase, il révèle comment la vérité perçue iconoclaste circule dans l'enceinte des maisons ; c'est la part imprenable qui gît dans la conscience de la victime, ce dont ne s'emparera jamais le bourreau. Le jeune homme convertit la couardise en audace – nous prenions, écrit-il, une forme de vengeance en pensant dans l'intimité autrement que ce que nous impose le régime – cela donne à nos propos l'allure d'une subversion, d'un complot, sinon d'une dissidence ; le fait de penser ce que nous pensons nous apporte la certitude que nos âmes n'ont pas été corrompues ; elles maintiennent leur authenticité sauve.

Ce jeune homme vit la liberté de l'esclave dont parle Hegel : ce qui met en rage le maître, c'est l'impossibilité d'extirper du cœur de l'esclave le désir de mort du maître, qui reste vif même dans la plus éprouvée des servitudes.

8.

L'identification

Je m'identifie à ces jeunes. Je repense à mes vingt ans lorsque j'avais décidé de m'expatrier. Cette décision répond à l'instinct avec lequel je suis né, ce sentiment d'étrangeté, ressenti dès le commencement, qui sépare de la tribu et prédispose à l'exil. La situation politique a constitué une surdétermination qui a confirmé mon sentiment initial. Je ne voyais pas comment introduire le loup dans la bergerie. Les jeunes aujourd'hui réussissent là où nous avons échoué. Ils imposent la liberté de pensée réclamée par Spinoza à l'intérieur du Léviathan de Hobbes. C'est une conquête considérable pour tout un peuple.

Ce désir de liberté n'est pas né à partir de rien. Il est le résultat de la politique bourguibienne de l'instruction. Nous assistons à l'un des effets décrits par Condorcet. La généralisation de l'instruction est la meilleure condition pour promouvoir des citoyens libres, capables d'influer sur l'évolution des lois. Après les réformes autoritaires dictées d'en haut, émanant de l'État Léviathan et de celui qui l'incarne, est venu le temps de cette génération qui anime la société civile en se réclamant de la liberté.

Ben Ali a été le successeur de Bourguiba pour le meilleur et pour le pire. Il a ajouté le meilleur au meilleur et le pire au pire. Pour le pire du pire, nous avons vu comment il a corrompu le Léviathan hérité de Bourguiba en déviant les moyens étatiques de l'intérêt général pour les mettre au service de ses intérêts particuliers. Pour ce dessein, il a recruté des voyous et transformé l'État en mafia.

J'ajouterai deux autres éléments qui ont renforcé la part de l'exécutif procédant de l'émirat. À l'instar des émirs des temps antérieurs, Ben Ali s'est enfermé dans le palais de Carthage pour en faire une sorte de casbah, une cité à l'intérieur de la cité où se sont concentrées les activités de l'État.

Il a, en outre, constitué une garde prétorienne doublée d'une milice personnelle en recrutant parmi les enfants trouvés et recueillis pour être éduqués dans l'institution « Les Enfants de Bourguiba ». Il en a fait ses propres fils tels les janissaires du sultan ottoman, enfants arrachés à leurs familles et qui trouvent un substitut au lien familial perdu en servant fidèlement leur maître. Ce sont eux qui seront dépêchés pour semer le chaos après le départ de leur chef et père le 14 janvier, départ qui les a rendus au statut d'orphelins.

Et le meilleur se recueille dans la première phase du règne de Ben Ali, celle qui procède du discours libéral d'ouverture ayant accompagné sa prise du pouvoir après le coup d'État blanc du 7 novembre 1987.

J'étais à Tunis ce jour-là. J'ai entendu cette déclaration lors de sa première diffusion très tôt le matin. Sans attendre, j'ai rejoint mon ami le cinéaste et dramaturge Fadhel Jaziri. Nous nous sommes retrouvés à Carthage sur la terrasse de l'hôtel La Reine-Didon avant sa rénovation. Nous dominions le port punique et la baie de Carthage où cinglait à lente vitesse une frégate de la marine. L'atmosphère était calme et grave.

Plus tard, nous nous sommes déplacés avec d'autres amis pour déjeuner chez Achour à Hammamet. Il y avait parmi nous le photographe marocain Touhami Ennadre. J'ai eu un frisson lorsque dans le restaurant les propriétaires se sont empressés de remplacer la photo de Bourguiba par celle de Ben Ali.

Rien ne bougera, ai-je dit, le peuple n'est pas près d'évoluer. L'aspect libéral de la déclaration entendue le matin ne correspond pas au désir collectif. Le geste que je viens de voir annonce la continuité de la servitude, condition de la tyrannie : « Le roi est mort, vive le roi ! »

Dans la logique de sa déclaration libérale, Ben Ali a sollicité l'aide et la collaboration des militants des droits de l'homme. Parmi eux, je cite le regretté Mohamed Charfi. Au commencement il a accepté d'être ministre de l'Éducation dans l'espoir de contribuer à renforcer la qualité de l'enseignement moderne, laïque, séculier, civique. Et il a occupé cette fonction de 1989 à 1994.

Lors de la dernière phase de Bourguiba, à partir de la fin des années 1970, la substance de l'enseignement avait été gauchie et pervertie par l'entrisme des nationalistes arabes et les concessions faites à l'islamisme.

Une des premières tâches de Mohamed Charfi a été de réunir des pédagogues et des experts de notre génération et de notre mouvance laïque pour concevoir de tout nouveaux manuels et redéployer les matières dans des programmes revisités.

La place des humanités a été restaurée. Je me souviens d'une discussion que nous avons eue dans son bureau ministériel. Il m'a exposé sa conception d'un programme d'enseignement pour former les futurs citoyens, sujets libres n'acceptant plus l'inacceptable, refusant de s'accommoder de la servitude qui favorise la tyrannie et la dictature.

Ce sont les enfants de cette école qui, sous nos yeux, métamorphosent l'histoire. Sofiane Belhaj me confirmera que l'appel à la liberté qui anime sa génération a été semé par l'école dans les cours consacrés aux droits de l'homme et du citoyen qu'ils découvraient théoriques, sans effets, dès qu'ils étaient face au réel. Ils ont enjambé cet abîme, ce qui les a conduits à s'exprimer pour produire l'événement que nous vivons.

9.

L'accord du temps

Le 10 janvier, j'ai mesuré la signification et la profondeur de l'événement. J'étais entraîné, je me suis senti naturellement partie prenante de l'énergie en acte. Une exaltation s'est emparée de moi. J'ai décidé d'accompagner ce qui nous venait de Tunis et qui s'annonçait grand. Une force historique, comme transcendante, s'était mise en branle. Nous saisissions le bout du fil à partir duquel la trame de la dictature sera effilochée pour chuter, tas de pelotes défaites.

Je m'interroge aujourd'hui sur ce réveil tardif. Est-il dû à la distance de l'expatriation? Est-ce le fait que pour moi l'horizon de l'être est le monde en son étendue? L'immensité que je scrute aspire-t-elle le génie des lieux? Immerge-t-elle le culte de la terre natale? Le désir cosmopolitique dévore-t-il la notion de patrie? Ce qui provient de l'origine est-il relativisé par un regard plus vaste? La perspective cavalière emporte-t-elle le souci du détail? Serais-je victime de la vue d'avion que j'emprunte souvent ? Ma perception s'est-elle déformée par la vitesse du TGV qui avale les pays et en oblitère le paysage ? À partir de quel site local rejoindrais-je le global ?

Les traditions ésotériques qui m'imprègnent m'apprennent la dialectique qui projette le macrocosme dans le microcosme : l'un est le miroir de l'autre. Il en est ainsi quant à l'accord des temporalités. Ceux qui appartiennent à la société civile de Tunis ont vécu exactement au même rythme leur adhésion au drame qui se déroulait. Hamadi Bousselmi, ex-instituteur, me le confirme : « À partir du 10 janvier nous avons cru au mouvement, me dit-il ; la révolution tunisienne s'est concrétisée en quatre jours, du 10 au 14 janvier, l'histoire s'est emballée ; quelque chose d'irréversible s'est enclenché ; nous le sentions de toutes nos fibres. »

Ainsi parle Hamadi, du fond de l'impasse du Saint, dans sa maison à la médina de Tunis ouverte aux jeunes internautes pionniers de l'événement. Dans cette espèce de modeste phalanstère, je me suis souvenu d'une phrase du prince de Talleyrand : « Je ne me suis jamais pressé et pourtant je suis toujours arrivé à temps. »

La décision de croire à l'événement et de l'accompagner se fait naturelle, évidente. La Tunisie renaît en moi, après une forme d'hibernation. Le sentiment d'appartenance ne meurt jamais, nous demeurons habités par la scène de l'origine, celle en laquelle se traque la construction du premier souvenir, entre fantasmes et traces mémorielles. Et cette scène est à Tunis. Là est le royaume de l'exil. Les événements ont déclenché le dégel d'une origine congelée.

La métaphore du feu attise ce processus de dégel. Le bûcher de Bouazizi dégivre nos cœurs. De ses cendres, nous ressuscitons. Cette révolution dite du jasmin eût pu s'appeler la révolution du phénix. D'autant que le phénix est en usage dans la tradition soufie. Ibn Arabi l'associe à l'Occident. *'Anqâ' al-maghrib*, écrit-il. Le volatile mythique se consume avec le brasier crépusculaire accompagnant notre éloignement du soleil pour quitter la lumière du jour et pénétrer la ténèbre de la nuit. La nuit obscure porte dans ses scintillements les lueurs renvoyant au souvenir du jour tout en annonçant son retour.

L'histoire entretient et répète l'énigme. Il y a eu tant d'immolés par le feu. Une année auparavant, presque jour pour jour, un jeune homme s'est aspergé d'essence et y a mis le feu, sur la place centrale, à Monastir, devant le bâtiment où loge le délégué représentant l'État. C'était un marchand de beignets victime de tracasseries administratives finissant par lui faire perdre son gagne-pain. La même histoire se reproduit avec Mohamed Bouazizi. La première fois, la mise en scène du suicide rejoint la rubrique des faits divers. Pourquoi la seconde fois, à une année d'écart, offre-t-elle l'icône d'une révolution ?

Telle est l'énigme de l'histoire. Ou peut-être les énergies avaient-elles à subir une année supplémentaire de souffrance intime pour que la patience se tarît. « C'est tout simplement, rectifiera Sofiane, l'extension de Facebook chez les usagers locaux. L'événement a eu sa caisse de résonance sur un support qui autorise la parole, l'échange, la confidence et qui facilite la relation interactive. La substance nouvelle diffusée à partir de Sidi Bouzid a donné de la gravité à nos échanges. Une forme de sublimation s'est emparée de nous. »

Tout cela me fait penser à une phrase de Victor Hugo que je cite de mémoire : rien ne résiste à une idée dont l'heure est arrivée. Quand les citoyens n'ont plus peur, les tyrannies les mieux assises en apparence s'écroulent. C'est la part non contrôlée de l'histoire. Celle que Bossuet attribue à la Providence, Hegel à l'Esprit, Braudel à l'Inconscient. L'idée est la même, le concept qui la désigne varie selon le lexique de l'époque.

Ainsi la révolution tunisienne a-t-elle eu son symbole, à défaut d'avoir eu son leader. En Mohamed Bouazizi, nous avons notre Jan Palach, ce jeune Tchécoslovaque qui, place Wenceslas, s'aspergea d'essence, s'alluma, prit feu en janvier 1969 pour dire son désespoir après l'interruption du printemps de Prague. Tel est l'acte qui s'assimile à la tragédie du deuil. Il se renouvelle quarante ans après dans les steppes de l'Africa, là aussi comme acte tragique et héroïque. Et cette fois, c'est un des

41

leviers de la tragédie qui a fonctionné. Le geste de Bouazizi a réalisé la catharsis pour tout un peuple. Il a purifié une communauté. Il nous a débarrassés des résidus et autres caillots qui retardaient la circulation du sang dans nos membres perclus. Il a été une cure pour nos consciences coupables.

10.

La cristallisation

L'événement a commencé à prendre forme. L'histoire s'est accélérée. Il y aura ceux qui s'accrocheront à temps et ceux qui resteront sur le bord du chemin. Quelle épreuve pour les médias, les politiques, les intellectuels ! Ceux qui font et défont les opinions et ceux qui ont le pouvoir de décider sont décontenancés. Ils ne s'attendaient pas à recevoir du Sud une leçon inaugurale qui donne un autre cours à l'histoire.

J'étais rivé à la Toile, en contact avec les amis de Tunis tous mobilisés. Les plus assis, les plus conservateurs, les plus apolitiques étaient touchés par le sacrifice de Bouazizi et par ses effets tout aussi inattendus que considérables. Le plus souvent, ce sont les enfants et les petits-enfants qui ont réveillé leurs ascendants. Nous assistons à un moment inédit de l'histoire, à un monde qui change, où filles et fils deviennent les éducateurs, les éclaireurs de leurs pères et mères. C'est la relève d'une génération maîtresse des instruments de la nouvelle culture dans laquelle elle a ouvert les yeux. Cette génération crée un événement inouï en disposant de la simultanéité, de la gratuité, de la facilité et de l'universalité du Web. Pour la première fois la contestation politique bénéficie de moyens puissants et inconnus qui métamorphosent le présent et le futur.

Ma première intervention dans les médias a été le mercredi 12 janvier à la télévision sur France 3 dans l'émission *Ce soir ou jamais* qu'anime Frédéric Taddeï. Une émission très suivie au Maghreb et qui cette fois l'aura été encore plus en Tunisie. Lors de ce débat, j'ai voulu d'abord dissocier les événements contemporains en Algérie et en Tunisie pour montrer qu'ils n'étaient pas de même nature. Je tenais à insister sur le caractère révolutionnaire d'un mouvement populaire qui peut apporter pacifiquement la démocratie dans un pays arabe et d'islam en usant de technologies modernes.

Un autre intervenant a rappelé que la Tunisie est anthropologiquement le pays le mieux disposé de la région pour devenir effectivement démocratique. C'est un pays qui assure les deux conditions de la modernité établies par Emmanuel Todd, celles de la maîtrise démographique et du degré d'instruction – conditions remplies suite aux décisions politiques prises par Bourguiba dès la fin des années 1950, et dont les effets ont été intensifiés sous Ben Ali.

Il y a un hiatus aujourd'hui entre la réalité de la société et l'État politique qui l'encadre. La correction d'un tel hiatus est objectivement à portée de main. La Tunisie n'est plus apte à subir la dictature, elle est prête pour la démocratie.

J'ai précisé que l'origine du processus enclenché par le sacrifice de Bouazizi n'était pas seulement économique. Tout en étant de portée matérielle, l'événement se déploie au plan moral. Liberté et dignité sont les deux mots qui reviennent chez les manifestants. Ils sont associés au mot travail et l'encadrent.

Le travail affranchit le sujet de la dépendance. Il lui procure la condition de la souveraineté. Celle-ci fera de lui un être libre et digne. Cette visée et ce désir sont à l'origine d'une protestation qui se répercute presque partout en Tunisie, dans les villes et les villages, dans les quartiers chics et les faubourgs, et jusqu'aux favelas. La contagion est universelle.

Ensuite a été lancé l'appel à la solidarité. Cet appel s'adressait surtout aux intellectuels et à leur force de persuasion. Par voie de conséquence, nous espérions que l'opinion publique serait alertée. Enfin, il était impérieux de révéler la cécité des politiques, de droite comme de gauche, dans la lecture d'un événement qui s'avère majeur et que minore une vision marquée par le paternalisme et l'intérêt économique. Cet aveuglement signale le retard de la France dans sa vision d'un monde qui change plus vite que nos esprits.

L'émission a produit l'effet escompté. Dès ma sortie des studios, je recevais des messages de Tunis mais aussi d'autres villes du Maghreb. Le mouvement a reçu un signe solidaire émanant de la scène internationale. Le sens diffusé par cette émission a confirmé le cours des choses. Plus d'un protestataire a été raffermi dans sa détermination.

11.

Solidarité

Jusque-là, le mouvement n'a été que local, national. Il était vécu dans l'isolement. La seule intervention extérieure a eu lieu dans la blogosphère. Et elle a été fort efficace. Cela me sera confirmé à Tunis par Sofiane Belhaj, un des protagonistes de l'action cybernétique. À un moment, pendant la guérilla électronique, la charge de la cyberpolice a été quasi paralysante. Alors, Slim Amamou a lancé un SOS à Anonymous, avec qui il était en accointance. Immédiatement huit mille hackers du monde entier ont répondu à l'appel. Les sites de la présidence, du ministère de l'Intérieur et de la Banque centrale ont été assaillis et fortement perturbés, ce qui a détourné la cyberpolice vers d'autres tâches qui ont desserré l'étau sur la Toile. Apparemment les attaques les plus destructrices sont venues des hackers russes.

Le jeudi 13, le mouvement gagne en ampleur, en densité. Les manifestants affrontent une police qui tue. Les images des victimes qui circulent sur la

Toile sont désespérantes, tragiques. Elles montrent l'horreur de cette police, de cette milice qui ose tirer à balles réelles, à bout portant sur des manifestants pacifiques. L'image la plus spectaculaire se focalise sur un crâne fracassé qui laisse s'épandre la cervelle. Loin d'être dissuasives, de telles violences suscitent l'indignation et galvanisent les foules.

Sur place, des personnalités du monde des arts et des lettres s'engagent. L'actrice et dramaturge Jalila Baccar apporte sa solidarité en s'exprimant sur BBC. J'entends sur al-Jazira le metteur en scène et homme de théâtre Fadhel Jaïbi. J'aime ce qu'il dit, tant je me trouve en accord avec lui. Il commence d'abord par déclarer que s'il parle sur ce support, c'est par défaut, car il n'aime pas al-Jazira et ce qu'elle représente – j'imagine qu'il pense à son message subliminal islamiste qui hérisse tout moderniste laïque. Mais le journaliste qui l'accueille s'avère fair-play et le laisse parler pour dénoncer la violence policière qu'ont subie dans la matinée même les femmes et les hommes de théâtre qui manifestaient leur solidarité au peuple entré en dissidence. Le sit-in pacifique sur le parvis du théâtre municipal qui donne sur l'avenue Bourguiba a été plus que vigoureusement dispersé.

Le même jour, au sortir de la matinale de France Inter, je reçois un appel du *Figaro* me demandant un point de vue sur les événements. N'ayant pas répondu, l'offre m'est réitérée avec insistance le lendemain matin. Entre-temps, il y a eu le discours de

Ben Ali. Le signe qui annonce la défaite d'un homme, c'est que chacune de ses interventions paraît en retard d'un coup, me dit l'économiste Elyès Jouini dans une conversation téléphonique.

L'événement devance les prévisions et bouscule les décideurs. Chaque fois ce qui advient dépasse les dispositions prises qui s'avèrent n'être plus adéquates. Ce discours combinait le « Je vous ai compris » prononcé par de Gaulle à Alger en 1958 et le « J'ai été trompé » dit par Bourguiba en janvier 1978 suite à l'émeute du pain qui avait laissé plus de cent morts.

Personne n'a été berné par la manœuvre grossière, surtout après le premier débat libre organisé à la télévision officielle dans la foulée du discours, pour illustrer instantanément la promesse présidentielle. Croyant dissiper l'incrédulité des citoyens, le pouvoir lâche ses sbires sur l'avenue Bourguiba pour mettre en scène une manifestation censée exprimer l'adhésion du peuple aux propos du dictateur, converti en démocrate. Mais personne n'a été dupe.

Pendant que j'écris pour *Le Figaro*, je reçois des appels d'amis participant à la manifestation qui sera décisive avenue Bourguiba au cœur de Tunis, devant le ministère de l'Intérieur, le lieu à partir duquel le pays est dirigé depuis 1987. L'élite est présente, elle a rejoint les classes moyennes et le peuple. L'ordre des avocats, celui des médecins, la judicature, les autres secteurs des professions libérales, les syndicats des travailleurs, des étudiants, jeunes et vieux, riches et pauvres, femmes et hommes, tous hurlent : « Ben Ali, dégage ! » Le discours de la veille n'a pas émoussé le mouvement, il l'a aiguisé. C'est la révolution. Celle-ci réussit lorsque les antagonismes sociaux connaissent un suspens où les membres épars de la société se soudent en un seul corps.

Empreint de ces informations, je finis l'article en écrivant que Ben Ali doit partir, c'est ce que réclame en ce moment même tout un peuple. L'article est refusé. Ben Ali est un rempart contre l'intégrisme et le discours conciliant de la veille doit être pris en considération, me dit la correspondante parlant au nom de la rédaction...

12.

Face à l'islamisme

Il n'est pas dans mon esprit d'accabler *Le Figaro* car son argument ne peut être négligé. Il eût été facile d'associer ce refus à la seule courte vue. Mais celui qui incarne encore aux yeux du *Figaro* le rempart contre l'infâme a été le jour même, quelques heures plus tard, défait, renvoyé, refusé, déconsidéré, destitué, obligé de quitter le pouvoir et de s'exiler. Le soir de ce vendredi 14 janvier, la révolution tunisienne connaît son spectaculaire aboutissement. Lorsqu'une société entière brave la peur, se libère de son asservissement pour réclamer le départ de celui qui incarne l'État, le simple bon sens exige de se soumettre à cette décision.

Cette révolution a été amorcée par la jeunesse du peuple dans la rue à laquelle s'est jointe la jeunesse des classes moyennes via Internet. Et que ce soit dans la rue ou sur Internet, il n'y avait pas la moindre participation islamiste ni physiquement, ni matériellement, ni dans la sphère des idées.

Toutefois l'absence islamiste de ce mouvement

de masse est si radicale qu'elle devient suspecte. Nous savons que les islamistes existent, qu'ils sont tapis dans l'ombre à l'intérieur du pays. Ils sont aussi actifs dans l'exil, en France et ailleurs en Europe. Certaines de leurs tendances sont alliées à des courants altermondialistes. Comme ils sont structurés et organisés, ils peuvent lancer le mot d'ordre de la rétention sinon de l'occultation, de la dissimulation, de la *taqiyya*, pour réapparaître intacts une fois l'œuvre accomplie, une fois brisée la dictature qui les empêchait d'agir.

Mais là où *Le Figaro* se trompe, c'est que la politique fondée sur le primat sécuritaire est dépassée. Soutenir des dictatures pour empêcher l'islamisme n'est plus efficient. L'alternative entre dictature et islamisme n'est plus opérante. Les sociétés civiles les plus rétives à l'islamisme ne veulent plus de la dictature. Elles ne veulent plus recourir à l'atroce pour chasser l'infâme. Aussi sont-elles prêtes à risquer l'aventure de la confrontation avec les islamistes pourvu qu'elles retrouvent la liberté de parole et d'action.

Nous avions nous-mêmes, parmi les laïcs musulmans, opté pour la politique du moindre mal. Nous avions fermé les yeux sur les généraux algériens lorsqu'ils avaient dessaisi les islamistes de leur victoire électorale en 1992, même si nous avions déploré en son temps que ce sacre par les urnes eût dû être prévenu juridiquement. Nous n'avions pas protesté quand Ben Ali avait procédé à l'éradication des islamistes par la terreur en 1990-1991. Nous en étions même soulagés. Des deux maux, nous choisissions le moindre, comme les alliés qui avaient combattu Hitler en armant Staline.

L'expérience des nations nous a déjà avertis qu'un État ou un gouvernement qui sauve son peuple ou sa nation d'un grand péril le lui fait cher payer. Ernest Renan le constate au début de *L'Avenir de la science*, dans le contexte de la France en 1848. Ben Ali n'a pas démenti cette règle. Les militants des droits de l'homme, laïcs éprouvés, qui ont cheminé avec lui, ont été amenés à rompre suite à cette dérive.

De ce moment date le départ de Mohamed Charfi et de mon ami Hichem Gribaa dont je regrette la disparition en septembre dernier. Il n'aura pas vécu pour jouir de la chute du dictateur qu'il souhaitait de tout son être ; il était l'un des rares à la prévoir et à considérer son avènement proche, inéluctable. S'il était resté en vie jusqu'à ce 14 janvier, son cœur aurait été de joie illuminé. Lui qui rêvait de voir les prédateurs de la famille présidentielle retrouver leur misère originelle, les imaginant entrer dans un café et compter discrètement dans leur poche les pièces de monnaie qui suffiraient pour un express.

Nous nous accommodions de Ben Ali, même si nous le vomissions. Sous son régime, la liberté des mœurs n'a pas été entamée. La Tunisie n'a pas été fortement contaminée par la réislamisation programmée par les puissances financières et médiatiques qui émettent leur propagande à grands frais à partir de la péninsule Arabique. La société a résisté à cette réislamisation, particulièrement par ses femmes. Nous devons cette résistance à la politique de Bourguiba qui a perduré sous Ben Ali malgré les perversions et les corruptions qui ont accompagné ses mandats répétés *ad nauseam*.

Nous savons que l'islamisme sera présent sur la scène sociale et politique. Là, réside l'enjeu de l'épreuve démocratique.

En attendant d'être au rendez-vous de cette épreuve, il me faut rendre hommage à ceux qui n'ont jamais fléchi dans leur résistance à la dictature. Ils en ont payé le prix par l'emprisonnement ou l'exil. D'autres ont été amenés à intégrer dans leur vie quotidienne les pressions, les chantages, les tracasseries, les harcèlements et autres vengeances maniaques. Ces tortures infimes, par leur constance, valent les sévices qui laissent des traces indélébiles sur des corps transformés en archives du mal. Ils témoignent des horreurs qu'un homme peut faire subir à un autre homme.

Tel est l'héroïsme de celles et ceux qui n'ont jamais cédé à l'acharnement des tortionnaires. À l'instar de Sihem Ben Sidrine et maître Radhia Nassraoui, militantes des libertés et des droits humains ; ou du journaliste Taoufik Ben Brik ; ou encore des militants politiques Hamma Hammami et le docteur Moncef Marzouki.

13.

L'euphorie

Ben Ali est parti. Il a quitté le pays. Est invoqué l'article 56 de la Constitution qui stipule la vacance provisoire de l'exécutif ; la fonction de président de la République revient au Premier ministre. Le dictateur, jusqu'à hier craint, a pris la fuite en compagnie de sa femme honnie. La joie est à son comble. C'est comme si la nuée de honte qui couvrait les cœurs s'était dissipée.

Cette joie s'est exprimée dans une des plus belles images créées par les événements : un homme brave le couvre-feu la nuit où le dictateur s'est réfugié en Arabie ; seul sur l'avenue Bourguiba sombre et déserte, il déploie un drapeau aussi ample qu'une draperie qui aurait pu l'envelopper ; il danse en scandant « Ben Ali est parti ! La Tunisie est libre ! ». Prise d'un balcon par un internaute qui l'a diffusée dans l'instant sur le Web, elle circulera pendant des jours chez les Égyptiens ; ce clip sera un stimulant mobilisateur pour la manifestation du 25 janvier qui réclamera le départ de Moubarak.

Passant en Tunisie dès le lendemain en boucle sur les chaînes de télévision, cette image sera une des icônes de la révolution.

À l'instar de ce brave noctambule, les Tunisiens ont vécu la fuite de Ben Ali comme un soulagement euphorique qui mérite célébration. Ils estimaient qu'ils méritaient mieux. Ils ne toléraient pas au fond d'eux-mêmes l'incarnation de leur État par cet homme-là. Ils se sentaient déconsidérés par celui qui les représentait auprès des peuples et des nations.

La question concerne l'instruction et la culture. Ils trouvaient infamant qu'un être si peu instruit, si peu cultivé ait pu accéder à la tête de leur pays. Certes, il y a bien des chefs d'État éminents qui viennent d'un milieu loin de l'intellectualité et de la culture. Nous ne vouons pas un culte à la culture. L'intelligence pragmatique qu'exige la technique politique peut être vive sans avoir été aiguisée par la formation académique. Nous n'envisageons pas l'instruction et surtout la culture comme valeurs en soi ; mais nous les considérons comme matières destinées à entretenir le souci de soi et à sustenter la perfectibilité de l'être dans une discipline de vie. Ce qui était offensant en Ben Ali, c'était sa suffisance, son arrogance satisfaite qui s'affichait en mépris de l'intellectualité et de la culture. Je me souviens de la lettre qui lui avait été envoyée en 1994 par dix-huit universitaires (dont Yadh Ben Achour et Ali Mezghani), l'alertant des dommages que sa politique engendrait pour la société et la citoyenneté. Ben Ali, en sa suffisance d'idiot, avait réagi à la missive par une bordée d'insultes à l'adresse de ces prétentieux qui osaient s'ériger en donneurs de leçons à un maître qui n'en avait cure !

L'image qu'il diffuse de lui-même engage le jugement esthétique. La balourdise et la vulgarité suintent de ses pores. Je ne l'ai jamais rencontré en chair et en os ; je ne décris que ce qui émane des images envahissantes qui le représentent : le costume, la mise, la coiffure, la teinte des cheveux, le maquillage, la pose, l'attitude, la scénographie, la palette renvoient à l'image que l'on a de soi. Et celle-ci n'est ni avenante ni de bon aloi.

J'étais en Tunisie l'hiver 1995 avec mon ami l'écrivain Gérard Macé qui se désolait devant les images du président qu'on rencontrait où que l'on mît les pieds. C'était désespérant et dérisoire, burlesque même. Au souvenir du feuilleton télévisuel qui, en sa jeunesse, avait envahi le petit écran le temps d'une saison en 1974, il l'avait surnommé Chéri-Bibi, ce personnage inventé par Gaston Leroux et joué par Hervé Sand. Il s'agit d'un forçat accusé d'un meurtre qu'il n'a pas commis, et qui procède à une opération chirurgicale faisant de lui le sosie du vrai criminel.

Au-delà de la situation loufoque d'un personnage ridicule en sa cruauté, au-delà de la ressemblance physique avec Hervé Sand, les sonorités du nom de Chéri-Bibi sont suffisantes rien qu'en elles-mêmes pour dépouiller le personnage de la majesté à laquelle il était par nature étranger.

Sa chute, par l'action du peuple, restaure en nous l'orgueil de soi. Gloire à Mohamed Bouazizi qui nous a rendus dignes de cet orgueil. L'empreinte de Nietzsche se ravive, elle que je porte depuis mes vingt ans. Chacun restaure en lui sa singularité, son idiosyncrasie. Notre orphelinage est réparé. Le sacrifice de Bouazizi ranime notre salut.

J'ai déjà dit que ce geste est rédempteur. Nous en avons aussi évoqué l'analogie bouddhique. Il faudra encore insister sur la dimension christique que cet acte ravive au sein même de l'islam. Tout Tunisien a connu au fond de lui-même cette économie du rachat. Pour cette raison Bouazizi n'est pas mort, il renaît glorieux en nous redonnant vie de gloire. Une forme de parousie rôde en sa mort. N'est pas vaine la parole de sa mère : « Mon fils n'est pas mort pour rien », a-t-elle dit après la chute du dictateur.

14.

La manifestation de Paris

À Paris, le lendemain de la chute du dictateur, le 15 janvier, l'événement est célébré par une manifestation qui ira de la place de la République à l'Hôtel de Ville. J'y rencontre mon ami le juriste Ali Mezghani. Il m'apprend que, désormais, c'est l'article 57 de la Constitution qui a mis en œuvre la vacance définitive de la présidence, ce qui donne au président de l'Assemblée nationale l'intérim de l'exécutif afin de préparer les élections dans soixante jours. C'est une période très insuffisante. Les juristes cherchent la parade pour prolonger la durée de la transition tout en restant dans la logique du droit.

Je croise aussi Khadija Ben Mahmoud Chérif, militante des droits de l'homme ; ayant résisté à la dictature, elle en a reçu les avanies. Je suis entouré de mon amie Catherine Farhi qui rêve d'un sort semblable pour son pays originel, l'Égypte. Elle ne sait pas encore que son vœu sera exaucé quatre semaines plus tard jour pour jour. Hind est avec nous, accompagnée d'un de ses amis, petit-fils éponyme de Habib Achour, une des grandes figures du syndicalisme tunisien, qui a alterné l'alliance et l'opposition au temps de Bourguiba.

Un groupe d'une centaine d'islamistes juchés sur le très haut podium de l'ensemble statuaire nous ont troublés par leurs banderoles et leurs mots d'ordre religieux. Ils nous ont rappelé leur existence. « Ils mettent à l'épreuve notre tolérance », a dit Khadija. Il est heureux de les voir immergés et emportés par le cortège à écrasante présence séculière défilant sous l'immense banderole qui réclame une Tunisie laïque et démocratique.

L'essentiel des présents sont des Tunisiens et des Franco-Tunisiens sur trois générations, des enfants, des jeunes, des plus avancés en âge. Quelques Maghrébins et autres Arabes d'Orient sont de la partie. La quasi-absence des Français est désolante. Ni gens du peuple, ni politiques, ni intellectuels ne communient avec nous. C'est comme si l'événement leur était resté étranger.

Aussi sommes-nous heureux de retrouver l'ambassadeur Yves Aubin de La Messuzière, qui, lorsqu'il était en poste à Tunis, avait ouvert la belle Résidence à la société civile et aux opposants. Dar Nejma, cette magnifique demeure mauresque des débuts du XIXe siècle, était devenue à La Marsa le séjour des amis, au grand dam des autorités officielles. L'ambassadeur a été amené à interrompre sa mission après les inacceptables remontrances du ministre tunisien des Affaires étrangères lui reprochant une hospitalité jugée intempestive. Yves Aubin est avec nous en famille, il y a son épouse Florence, leur fille Emma accompagnée de ses propres enfants. Ils partagent la joie de leurs amis tunisiens.

L'histoire leur a offert une jubilation supplémentaire ; le journaliste Christophe Boltanski, qui n'est autre que l'époux d'Emma, a été violemment agressé par la milice de Ben Ali pendant qu'il faisait un reportage au moment où son beau-père était ambassadeur. La dictature de l'État voyou est capable de toutes les indélicatesses. Pour l'heure, Christophe est de nouveau à Tunis rendant compte de ce que la rue et l'agora lui offrent. C'est une belle vengeance de la probité et de la civilité sur la goujaterie et les intimidations.

J'ai été interpellé par un islamiste, un partisan de Tariq Ramadan, très remonté et véhément. Par bonheur, je n'ai pas eu à lui répondre : tous ceux qui m'entouraient, familiers ou inconnus, l'ont rabroué jusqu'à ce qu'il disparaisse de notre champ visuel. La tendance islamiste existe bel et bien ; il va falloir la combattre ; il y aura de quoi en découdre. Telle est l'étape qui nous attend. Dès à présent, nous sommes prêts pour la bataille.

Cela fait longtemps que je n'ai pas participé à une manifestation. Émerge dans ma mémoire le souvenir des cortèges de Mai 68. Une même sensation m'envahit, celle d'une chaleur humaine qui vous enveloppe et qui ranime en vous le sentiment d'une solidarité fraternelle. C'est l'instant qui vous prédispose à vous prêter à une adhésion fusionnelle, ce don de soi qui fait fondre le moi dans le nous. Comme le soufi qui vit le *fanâ'*, l'annihilation du moi dans le soi, la fonte de la première personne dans le métal de la troisième personne, cet absent qui symbolise le Tout Autre et qui soudain incarne en vous sa présence.

15.

L'Appel du 17 janvier

Nous défilions et devisions avec Ali Mezghani. Nous partagions le même souci. Le débat qui allait s'ouvrir à Tunis serait entre le camp légaliste et les partisans de la table rase, entre ceux qui souhaiteraient rester dans la Constitution et ceux qui voudraient ouvrir le chantier d'une Assemblée constituante. La division serait entre les veilleurs de l'antique prudence et les aventuriers de tous les bouleversements.

Nous pensions qu'il faudrait préserver le noyau solvable de la Constitution bourguibienne de 1959, celle qui prône la laïcité, la sécularisation, celle qui a promulgué le statut personnel inspiré par la loi positive, loin de la sharia. Il suffit de dépouiller telle Constitution des défigurations qui y ont été introduites et par Bourguiba et par Ben Ali pour l'accommoder à leurs intérêts particuliers au détriment de l'intérêt général.

Il faudrait prendre les dispositions juridiques qui rendraient intouchable la Constitution, en faire un corps quasi inamendable, à l'instar de la Constitution américaine. Il faudrait mobiliser la logique de Jefferson à la lumière de Tocqueville tout en considérant la mobilité des lois qu'évoque Condorcet. Autour de ces subtilités, nous échangions pendant que nous marchions avec lenteur dans le cortège des manifestants.

Nous nous sommes attablés dans un café pour élaborer un texte qui mettrait au clair ce autour de quoi nous avions discuté. C'est ce texte que nous avons cosigné et rendu public deux jours plus tard sur Facebook sous le titre de *L'Appel du 17 janvier.* Le voici :

« La séquence qu'est en train de vivre la Tunisie est historique. Elle a été conduite dans la paix et la dignité par le peuple et surtout par la jeunesse. Nous sommes désormais débarrassés de l'abus qui nous déshonorait. Nous regrettons Mohamed Bouazizi et toutes les victimes qui l'ont suivi en se sacrifiant pour notre salut. L'insécurité et le vide politique sont les premiers obstacles que rencontre le pays. Cette situation exige de chacun pondération, vigilance et sens des responsabilités. Aux citoyens ainsi qu'aux acteurs de la vie politique et de la société civile de prendre en considération les contraintes et les difficultés que comporte la transition que le pays est amené à traverser. La Tunisie hérite de la désertification de son espace public. La société a été dépouillée de sa dimension politique. Il ne faut pas ajouter le vide au vide. Revenu de ce néant, le peuple s'impatiente à retrouver son être. Pour restaurer le sens de l'État et de la citoyenneté, il convient de se conformer dans l'immédiat à la légalité constitutionnelle, de modifier les lois électorales et de se donner le temps pour entamer les réformes fondamentales nécessaires à la démocratisation et à l'exercice de la souveraineté populaire dans la liberté et l'égalité. »

16.

L'exemple tchèque

Dans mes interventions publiques, j'ai comparé ce janvier tunisien au printemps de Prague. Je tenais à de telles comparaisons, je voulais dégager l'événement d'une spécificité qui le rendrait étranger à la conscience occidentale. Je ne souhaitais pas que fût renvoyé au lointain un événement proche. De Prague, nous est déjà venue l'analogie entre Jan Palach et Mohamed Bouazizi. Il m'est arrivé de dire que, pour l'heure, nous n'avons pas notre Václav Havel, ni un Lech Walesa. Celui-ci eût pu plus aisément apparaître en raison d'une tradition syndicale ininterrompue. Les cadres intermédiaires de l'UGTT (Union générale des travailleurs de Tunisie) se sont affranchis de leur direction illégitime ; ils ont joué les médiateurs et les coordinateurs dans ce mouvement de protestation qui allait en s'amplifiant depuis le 17 décembre.

Ces diverses remarques ont été lues ou entendues par mon amie Hélène Bourgois qui est d'origine tchèque. Aussi m'a-t-elle éclairé sur certains détails qui peuvent aider à faciliter la transition que connaîtra la Tunisie. Elle m'a parlé de Marian Calfa, homme de l'ancien régime qui s'est immédiatement rallié à la « révolution de velours ». Ainsi a-t-il assuré la fonction de Premier ministre de transition. Il a servi les forces nouvelles avec loyauté, ce à quoi Václav Havel rend hommage dans ses Mémoires. Nous avions le royaume, écrit-il, il nous en a donné les clés. Il connaissait les coins et recoins du régime, de l'administration, de ce qui, dans l'État, était corrompu, de ce qui y était resté sauf.

La transition tchèque s'est faite à partir d'un « cocktail subtil », m'explique Hélène. C'est une recette « impliquant non seulement une personnalité charismatique, incarnation du changement et des aspirations populaires, mais un professionnel contrôlant l'administration et assumant la continuité nécessaire pour que ne déraille pas le projet de transformation [...]. La "compromission" de Havel avec le communiste Calfa a été, par la suite, critiquée, surtout par ceux qui s'étaient bien gardés de prendre des risques lorsque les communistes étaient au pouvoir. Mais, à lire Havel, cette collaboration lui évita bien des erreurs et lui fit gagner un temps et une crédibilité précieux ».

Voilà une analogie utile pour légitimer le ralliement de Mohamed Ghannouchi, ancien Premier ministre de Ben Ali, qui exerce la même fonction dans le gouvernement transitoire, nommé par le président de la République par intérim, Fouad

Mebazaa. En lui, sans nul doute avons-nous un Marian Calfa. Sa crédibilité s'est renforcée en démissionnant du parti-État, le RCD (tout comme le fit Fouad Mebazaa). Sa légitimité s'est intensifiée en révélant un fait et une décision : d'abord qu'il était sous Ben Ali comme une ombre, un fantôme, qu'il ne pouvait émettre le moindre jugement ni la plus infime des critiques et qu'il était habité par la peur tout autant que n'importe quel autre citoyen ; il a annoncé ensuite qu'une fois la transition assurée, il abandonnera toute activité politique. Ce vieux destourien participe, lui aussi, de l'économie du rachat qui émane des cendres de Mohamed Bouazizi.

Si nous avons un Marian Calfa, il reste que nous n'avons toujours pas notre Václav Havel. Et ce qui donnait crédit à la présence de Calfa, c'est qu'il agissait dans l'horizon tracé par Havel. L'absence d'un Havel dans le printemps de Tunis affaiblit sinon annule la légitimité de Mohamed Ghannouchi.

Dans le mouvement tunisien, une béance demeure : la place de la figure qui incarne le politique reste vide. Telle est la particularité de cette révolution qui est sans chef ni idéologie. Elle s'est faite au nom de la liberté, de la dignité, de la justice comme principes élémentaires appartenant au droit naturel. La communauté qui s'est constituée pour conduire cette révolution semble provisoire. Une fois la tâche accomplie elle risque de se dissoudre. Telle est la règle pour ce qui concerne la mobilisation par le médium Internet. Serait-ce une nouvelle façon de faire de la politique ? Cette manière est-elle viable face aux ennemis et aux adversaires politiques organisés en partis ?

Pour l'heure, contentons-nous de constater qu'il s'agit d'une révolution vertueuse, comme me le dira Héla Ouardi, jeune universitaire croisée à Tunis quelques jours plus tard. C'est pour cette raison qu'elle réussira, ajoutera-t-elle dans un style elliptique et oraculaire.

17.

À Tunis

J'arrive à Tunis le mardi 18 janvier. Dès la sortie d'avion, l'atmosphère paraît sereine. C'est la transparence après l'obstacle, me dis-je en pensant aux opposés qu'applique Jean Starobinski à Rousseau. J'aurais pu dire : c'est la séquence de l'amour après celle de la haine en exhumant *Les Purifications* d'Empédocle. Une dualité soufie me vient à l'esprit : c'est l'expansion (*bast*) après la contraction (*qabd'*).

On est loin de l'habituelle tristesse qui vous envahit dès que vous foulez le sol natal et qui suscite en vous un sentiment de mélancolie. Les épaules sont déchargées du poids de la culpabilité, celle que provoque votre consentement à l'inacceptable, même si le silence peut signifier réprobation et s'assimiler à une forme de résistance.

Les visages sont transfigurés. Les têtes sont nimbées d'une auréole qui les illumine. La civilité, la bonne volonté, la juste grâce sont devenues la norme. Les faces sont prédisposées à accueillir l'autre en elles selon le protocole de l'hospitalité. Tout le monde est transcendé par l'événement. C'est la transfiguration généralisée qui se répand sur chacun. La révolution rend beau et bon.

Le pacte social a été éprouvé par les comités de quartier organisés en guise d'autodéfense contre les milices de Ben Ali et les membres de la police secrète qui, après le départ de leur chef, ont reçu ordre de semer la panique en s'attaquant aux personnes ainsi qu'aux biens publics et privés. Ils agissent par petits groupes, surtout la nuit, dans les quartiers résidentiels, à l'instar de Gammarth ou de La Marsa comme dans les cités ouvrières ou même les favelas, à l'exemple d'Ettadhamen, de l'Intilaqa ou d'El-Mnihla. Certains snipers se positionnent sur les toits et tirent sur les passants. Mais la population a su trouver la parade et se défendre en coordination avec l'armée.

Dans les rondes nocturnes des comités de quartier, la fraternisation a défié la hiérarchie de l'argent, comme celle de l'âge et du genre. S'y sont frôlés vieux et jeunes, riches et pauvres, instruits et juste alphabétisés, cadres supérieurs et prolétaires, femmes et hommes.

Les seuls actes de destruction et de pillage tolérés ont visé les maisons et les propriétés de la famille du président déchu et de sa seconde épouse Leïla Trabelsi. Ces profanations ont constitué des purifications. Rarement dans une révolution la catharsis a été à ce point circonscrite. La revanche contre les privilèges et le favoritisme a ciblé la part voyante de la rapine. On m'a montré à Gammarth et à la Soukra certaines de ces bicoques hideuses, suintant le manque de discernement et l'ostentation de l'arriviste.

Les façades calcinées comme l'intérieur des maisons ont été dépouillées même de leur fer forgé et de leur marbre. Sur le fronton d'une de ces entrées, nous lisons une calligraphie disgracieuse gravée sur marbre, reprenant la formule rituelle qui attribue le bien mal acquis à la faveur divine : « Tout ceci par la grâce de Mon Seigneur. »

C'est comme si l'ombre de Dieu pouvait absoudre le vol. Même dans l'espace privé, les mots sont utilisés hors de propos. N'étant pas pesé, le sens est dévoyé. L'impropriété n'appartient pas au critère des voyous mafieux qui ont usurpé l'État. Ce trait constitue une caractéristique du régime de Ben Ali. C'est comme s'il s'était assigné la tâche de parachever la déroute du nominalisme : nous l'avons dit, nous le répétons et le martelons.

Sachez enfin que le nom ne transmute pas l'acte, ni ne purifie la chose. L'alchimie n'opérera pas. L'alambic sera obstrué. Le plomb ne sera pas transformé en or par la seule magie du nom.

Comme ces boulevards de l'Environnement qui ont fleuri à l'entrée des agglomérations : dans les lieux urbains les plus défigurés et les moins conformes au souci écologique, de hideuses plaques disproportionnées les annoncent avec une ostentation malvenue faisant briller les lettres blanches sur fond bleu indocile à l'œil.

Ou comme la mention des droits de l'homme dans l'appellation du ministère de la Justice en un pays où lesdits droits et ladite justice sont des plus malmenés. À se demander si, pour ces gens, l'usage des mots se limitait au vœu pieux. À croire qu'ils n'avaient pas le sens du ridicule. À dire vrai, l'impropriété qui définit leur usage des mots signale simplement leur désinvolture, leur mépris, la déconsidération qu'ils avaient de leurs concitoyens et de leur peuple. Peut-être avons-nous à y discerner une provocation de voyou ?

18.

De la transition

Les craintes que nous avons pressenties dans l'Appel du 17 janvier se confirment. J'ai été parfois reconnu et arrêté par certains badauds qui rôdent avenue Bourguiba pour être interrogé sur ce qu'il faut penser du gouvernement de transition. Et je n'ai cessé de répéter qu'il faut en soutenir le principe et en dénoncer la composition. Le premier gouvernement comporte six membres du parti-État, symbole de l'ancien régime. C'est un parti qui ne doit plus être sollicité mais dissous. Sur ce point, la pression de la rue n'a jamais baissé.

Une caravane est arrivée de Sidi Bouzid à Tunis pour protester contre ce gouvernement et le RCD. Nous n'avons pas mené un tel combat pour un si piètre résultat, clament les centaines de manifestants qui ont décidé de camper place du Gouvernement à la casbah. Leur séjour qui durera presque une semaine sera matériellement soutenu par les résidents de la médina. Couvertures, matelas, sacs de couchage, lits de camp ont afflué. Les victuailles n'ont pas manqué.

Les provocateurs de la milice du parti et les nervis de la police politique rôdent encore. Ils veulent mettre de l'huile sur le feu. Leurs agissements n'ont pas cessé, surtout en province. À Tunis même, l'évacuation violente de la place du Gouvernement n'a pas manqué d'ambiguïté. La manière porte les empreintes de l'ancienne méthode répressive. L'enquête qui a été décidée confirmera le soupçon.

Entre-temps, les manifestants ont obtenu gain de cause. Les correctifs nécessaires ont été apportés à la composition du gouvernement de transition. Les membres irrécupérables du RCD en ont été exclus.

Il compte désormais des technocrates de haute compétence et probité. Y figurent des binationaux, tel le Franco-Tunisien Elyès Jouini, vice-président de l'université Dauphine à Paris, et qui prend rang de ministre auprès du Premier ministre chargé des réformes économiques et sociales et de la coordination avec les ministres concernés.

Avec lui, j'ai signé quelques jours auparavant un texte appelant à la vigilance pour cette période transitoire et signalant nombre de points qui ont été répercutés sur ces dernières décisions. Tel texte n'a pas manqué de rendre hommage aux technocrates et grands commis qui ont assuré le fonctionnement de l'État au moment où il avait subi les pires des perversions.

En attendant la réappropriation de l'État, c'est à leur compétence qu'il est encore fait appel pour que les rouages administratifs continuent de fonctionner dans cette période de trouble où le désir d'épuration s'aiguise et les revendications légitimes s'accumulent. Ce texte a circulé sur Facebook et a été placardé sur la devanture de la librairie Al-Kitab au cœur de Tunis, avenue Bourguiba, située dans le beau complexe Art déco du Colisée.

Outre le vivier des binationaux, la diaspora a fourni ses compétences à ce gouvernement. Ainsi mentionnerai-je Jelloul Ayed, ministre des Finances qui a mené une carrière internationale comme cadre dirigeant de la Citibank entre New York, Londres, Athènes, pour finir vice-président de la BMCE à Casablanca. Mélomane, individu globalisé, il fait partie de ceux qui apportent une touche cosmopolitique à une Tunisie qui se conçoit dans la dialectique du local et du global, du national et du mondial. Ce à quoi a prédisposé la blogosphère qui a eu le rôle que l'on sait dans la réussite de cette révolution.

Blogosphère qui est représentée dans le gouvernement par l'un de ses brillants acteurs, Slim Amamou, qui est passé de la prison de Ben Ali au secrétariat d'État à la Jeunesse et aux Sports. Il a procédé à un acte audacieux de démocratie directe en tenant informé le public sur Twitter des échanges qui ont étayé le premier Conseil des ministres auquel il a participé.

Un membre de ce gouvernement sera cette fois la victime d'un autre acte de démocratie directe. Le ministre des Affaires étrangères Ahmed Abderraouf Ounaïes, un ancien ambassadeur de soixante-quinze ans, de formation philosophique sorbonnarde, s'est révélé, lors d'un entretien télévisé, pédant, vain, s'écoutant parler, fat, compassé. Il a indisposé ses interlocuteurs et choqué le public lorsqu'il a disculpé sa collègue française, Michèle Alliot-Marie, qui s'était déconsidérée aux yeux du peuple tunisien pour son indéfectible alliance avec l'ancien régime et son manque de perspicacité dans son appréciation du mouvement qui a banni son ami le dictateur. Aussi les fonctionnaires de son ministère l'ont-ils empêché le lendemain de rejoindre son cabinet en lui hurlant à la face : « Dégage ! », ce qui l'a conduit à démissionner.

Dix jours plus tard, c'est au tour de l'arrogant ambassadeur qui vient d'être nommé par la France d'être criblé par les traits de cette démocratie directe. N'ayant pas enregistré que les temps ont changé, il s'est cru encore dans un monde où l'on s'autorisait à répondre par le mépris aux questions dérangeantes. Il a en effet pris de haut des journalistes locaux qui l'interrogeaient sur l'étrange cécité qui a saisi la France à propos des événements qui ont métamorphosé la Tunisie. Aussi a-t-il été malmené sur Facebook, puis par les manifestants qui, rassemblés devant sa chancellerie, ont relancé et adapté à son cas leur slogan favori et qui leur a jusque-là réussi : « Boillon, dégage ! », « Casse-toi, petit Sarkozy ! »

Le reproche que je ne suis pas le seul à adresser à ce gouvernement, c'est le manque de femmes ; il n'en compte que trois dont Faouzia Charfi. À cette physicienne revient la charge du secrétariat d'État aux Universités. Elle m'a confié que la tâche est immense tant les problèmes se sont accumulés. L'urgence concerne le statut des vacataires qui sont si nombreux et ont un rôle majeur dans le fonctionnement académique ; leur statut ne reconnaît pas leur apport. Mais, me dit-elle encore, les collègues sont si dévoués, ils se bousculent pour se saisir des dossiers et les étudier bénévolement. Servir le bien commun honore cette conscience civique vigilante.

Il n'en demeure pas moins que les partisans de la Constituante ne désarment pas. Ils se sont organisés dans une institution qu'ils ont nommée Front du 14 janvier. Ce front, qui rassemble vingt-huit partis et organisations dont l'UGTT, réclame la formation d'un conseil national pour la protection de la révolution. Les « frontistes » veulent donner à ce conseil le pouvoir de légiférer ainsi qu'un droit de regard sur les décisions du gouvernement. Ils tiennent aussi à revoir la composition des trois commissions qui doublent le gouvernement transitoire, lequel est finalement contesté dans son existence même. Ce gouvernement et ces commissions survivront-ils à cette contestation radicale ?

19.

De la commission juridique

L'une des trois commissions qui travaillent en parallèle avec le gouvernement provisoire se concentre sur la question juridique. Elle est dirigée par le juriste Yadh Ben Achour, dont la spécialité académique est le droit administratif. Telle commission a pour tâche de nettoyer la Constitution et surtout de préparer la loi électorale. Sa présence est précieuse, elle représente la parade à ceux qui cherchent à ouvrir immédiatement le chantier de la Constitution et appellent à une Assemblée constituante. C'était l'une des craintes que nous avons formulées dans l'Appel du 17 janvier.

D'ailleurs, nombre d'acteurs politiques historiques, en vérité dépassés, se sont rassemblés autour d'Ahmed Mestiri, un des rédacteurs de la Constitution et du statut personnel de 1959, pour lancer une plate-forme qui réclame une Constituante. Telle manœuvre a échoué jusque-là : elle nous paraissait risquée à l'heure où elle était proposée. Mais les partisans d'une telle initiative ne désarment pas. Je crains que l'avenir lui aménage une conjoncture favorable.

Même si la question d'une nouvelle Constitution reste posée, l'intervention par la commission pourrait manquer de légitimité. À moins qu'elle se limite à la restauration de la légalité en revenant à l'esprit de la Constitution de 1959. Celle-ci comporte des acquis précieux. L'idée d'une citoyenneté qui ne se conçoit que par le droit y est explicitement contenue.

Telle ordonnance sur la citoyenneté a pour vocation d'assurer la liberté individuelle, de garantir l'égalité citoyenne et de transcender les appartenances de genre, éthniques, linguistiques, religieuses. Ces dispositions constitutionnelles sont à l'origine des conquêtes tunisiennes concernant les femmes, la sécularisation et l'instruction. De telles conquêtes ont été décisives dans la réussite de la révolution tunisienne.

Il faudra débarrasser cette Constitution des défigurations et autres monstruosités qu'elle a subies et du temps de Bourguiba et de celui de Ben Ali. Et prendre également les dispositions qui empêcheraient les interventions qui en dénatureraient la lettre et l'esprit.

Une des tâches serait de renforcer la neutralisation de la religion. Faut-il conserver l'article premier qui stipule que l'islam est la religion de l'État ? Sommes-nous encore dans la phase hobbesienne qui se réfère à la religion non pas pour en exalter la potentialité politique mais pour la neutraliser ?

Il est vrai que les islamistes réclament leur présence dans cette commission et que Zied Daoulatli, l'un de leurs chefs, critique son président comme laïc, ne prenant pas en considération la dimension religieuse du politique, même s'il ne met en cause ni sa probité ni sa compétence.

Mais il m'a semblé imprudent de la part de Yadh Ben Achour d'avoir déjà publiquement estimé que, selon son opinion personnelle, l'article premier reste utile et emporte sa conviction. Cette position a mis en colère mon ami Fadhel Jaziri. Celui-ci n'a fait qu'une seule déclaration publique depuis le début des événements ; il estime qu'il faut saisir cette circonstance faste pour inscrire explicitement dans notre droit la séparation entre religion et politique.

Reste cet autre grand débat qui secoue la société civile comme la classe politique : quel régime adopter ? Faut-il opter pour un système présidentiel ? ou parlementaire ? ou intermédiaire ? Le premier, à ma connaissance, à avoir évoqué la question, est l'historien Hichem Djaït lors de la conversation qu'il a eue sur la chaîne de télévision privée Nessma.

Je dois, par parenthèse, saluer cette ouverture des médias à la liberté et à la qualité. Certaines interventions, comme celle de Hichem Djaït, ont rarement leur équivalent, même en France, où la vision qu'ont les décideurs de l'audimat affadit et bêtifie la programmation. Espérons que cette part qualitative ne disparaîtra pas avec la fin de la situation révolutionnaire que vit le pays. Veillons à ce que cette exception devienne notre règle. Ne cédons pas à la banalisation qui est aux aguets et qui n'attend que l'éclipse de notre vigilance pour assaillir nos jours et les immerger.

Hichem Djaït a évoqué les deux régimes possibles. Il a insisté sur le fait que le régime présidentiel par la force de son décisionnisme au bord de l'état d'exception porte en lui une virtualité autoritaire qu'il vaut mieux éviter. Tout au long de son histoire, la Tunisie n'a connu que la tyrannie. Dans les temps modernes, au despotisme beylical ont succédé la dépossession, l'oppression et la discrimination coloniales suivies par la dictature nationale.

Ce à quoi a rétorqué le lendemain le politologue Hamadi Redissi dans une conversation télévisuelle, sur l'autre chaîne privée Hannibal, que le régime parlementaire est hasardeux dans un pays qui ne dispose pas encore d'un enracinement démocratique et qui n'est pas construit sur un consensus irréfutable comme l'est Israël.

Tels sont les termes du débat qui ne pourront être éludés par les futurs scribes de la Constitution. L'actuelle commission devrait baliser le terrain pour que techniquement ce débat ne soit ni tronqué ni escamoté.

Toutefois, la crainte de l'usurpation dictatoriale est telle que la tendance actuelle dans l'opinion comme dans la classe politique semble favoriser l'option du régime parlementaire.

Tandis que ceux qui procèdent de l'ancestrale

prudence en appellent à la créativité des juristes pour inventer un système mixte qui réduirait le danger que comporte chacun des deux régimes.

Il reste que l'urgence pour cette commission demeure l'élaboration de la loi électorale qui sera l'instrument de la concrétisation démocratique. Et qui rétablira la viabilité politique qui sera conquise lorsque la légalité s'accordera avec la légitimité.

Je n'entrerai pas dans les détails techniques qui consistent à considérer le vote majoritaire à deux tours ou le vote proportionnel à un seul tour. J'insisterai avec une vigilance accrue sur une disposition nécessaire : ne peut participer à la démocratie que celui qui y croit et qui l'applique au sein de son propre parti.

Avec les islamistes, le péril est dans la demeure. Là aussi nous devons tirer leçon de l'expérience des nations. Quelle parade les Allemands ont-ils trouvée, qui se souviennent que Hitler et les nazis sont parvenus au pouvoir par le verdict des urnes ? La loi fondamentale de 1947 a tenu compte de cet antécédent qui a constitué pour les Allemands un traumatisme inguérissable.

Cette loi n'était pas seulement rétrospective, elle était aussi prospective. N'a-t-elle pas été conçue pour prévenir l'apparition d'un parti qui se réclamerait de l'autre forme totalitaire, communiste, qui avait déjà eu sa part en s'emparant de l'Est allemand ?

Il serait souhaitable que la commission s'inspire de l'article 21 en deux de ses alinéas que je cite dans la traduction originale proposée par Esther Gallodoro, membre du comité de rédaction de la revue berlinoise *Lettre International* :

« 1. Les partis contribuent à la formation de la volonté politique du peuple. Leur fondation est libre. Leur fonctionnement interne doit correspondre aux principes démocratiques. Ils doivent rendre compte publiquement de la provenance et de l'utilisation de leurs ressources ainsi que de leur fortune.

2. Les partis qui ont pour objectif ou dont le comportement de ses membres vise à nuire ou à entraver ou à éliminer l'ordre démocratique et libéral ou à mettre en danger l'existence de la République fédérale d'Allemagne sont déclarés anticonstitutionnels. C'est le tribunal constitutionnel fédéral qui décidera de l'anticonstitutionnalité. »

Une telle précaution juridique nous aiderait à traiter la menace islamiste en amont et dans la légalité. Si l'État algérien avait procédé ainsi en 1992, il aurait disqualifié le FIS avant sa participation aux élections. De l'avoir laissé participer au jeu démocratique qu'il dénonçait dans son programme et ses statuts a été funeste. Et de l'avoir privé par les armes de sa victoire par les urnes a été encore plus funeste. Cette situation inconséquente a provoqué une guerre civile qui a coûté deux cent mille morts. Son traumatisme reste à ce jour sans remède.

20.

Des deux autres commissions

À cette commission juridique s'ajoutent celle qui établit les faits sur les affaires de malversation et de corruption et celle qui enquête sur les abus de pouvoir, c'est-à-dire sur la répression et les exactions. La première est présidée par un autre juriste, le constitutionnaliste Abdelfattah Amor. La seconde a à sa tête maître Taoufik Bouderbala, ex-président de la Ligue des droits de l'homme.

Il faut que justice soit rendue. Là encore nous avons à tirer leçon de l'expérience des nations. Pour continuer dans l'esprit qui anime la révolution tunisienne, nous avons à contenir le prurit de revanche et l'instinct de vengeance. Nous avons à nous affranchir de l'archaïsme et de la régression qu'entraîne la loi du talion. Ainsi resterons-nous fidèles à la courtoisie et à la modération qui ont jusque-là animé les événements.

Pour ce dessein, j'exhorte la première commission à s'inspirer de la sagesse qui a teinté la sortie du franquisme et le passage à la démocratie en

Espagne. Vous vous êtes enrichis d'une manière indue, disaient ses promoteurs aux caciques de l'ancien régime ; nous ne vous en voudrons pas ; mais telles sont désormais les nouvelles règles auxquelles vous devez vous plier. Bien sûr, restent passibles de poursuite les cas de détournement et de malversation patents ; il faudra instruire les affaires qui impliquent les membres du clan présidentiel, nommément les Ben Ali, les Trabelsi, les Materi.

À cette hauteur, on est en droit de s'interroger sur la structure financière globale et ses relais locaux. Telle structure ne s'accommode-t-elle pas des mafias qui se saisissent du pouvoir politique pour faciliter le flux de leurs transactions financières en les laissant se servir au passage ? Sans ces complicités ou à tout le moins ces complaisances, l'on ne comprendrait pas le chiffre astronomique qu'ont atteint les fortunes du clan présidentiel tunisien ou égyptien (estimée à cinq milliards d'euros pour les Ben Ali-Trabelsi, à cinquante milliards pour les Moubarak).

C'est une question théorique qui mérite d'être posée à côté de l'instruction des cas pratiques.

Il faudra saisir l'occasion de cette mise à plat pour renforcer les dispositions juridiques concernant la protection patrimoniale et environnementale. Il faudra immédiatement suspendre le déclassement des zones *non edificante* qui étaient protégées soit pour des raisons patrimoniales, comme le parc archéologique de Carthage, soit par souci écologique, comme la pinède de la colline de Gammarth ou le rivage de Raouad.

Il est aussi temps d'établir un Conservatoire du littoral pour sauver les portions qui n'en ont pas encore été entamées. À l'État d'avoir la préemption sur les terres disponibles le long de la façade maritime afin de préserver le peu qui en a été épargné. Dans ce domaine, la spéculation immobilière devrait être bannie.

En outre, il faudra accorder statut de monuments historiques à nombre d'édifices de la ville coloniale, illustrant les grands styles qui ont paré la cité, de l'Art nouveau à l'orientalisme, de l'Art déco à cette école locale des années 1940-1950 qui allie le fonctionnalisme et le minimalisme aux signes vernaculaires.

Dans le même sillage, je dirais en passant que nous avons à étendre le statut patrimonial au legs juif qui appartient lui aussi à la mémoire du pays. Rien que symboliquement, je suggère que l'autorité concernée restaure et classe les synagogues qui portent encore des vestiges d'époques antérieures. Je pense à la synagogue de Testour, à restaurer en raison de sa participation à la manière morisque qui nous fait remonter au XVIIe siècle. J'y ajoute la synagogue de Moknine qui possède des chapiteaux mouradites, ceux-là mêmes que nous retrouvons dans la proche mosquée Sâhîb qui témoigne à Kairouan de l'art du bâti tel qu'il se pratiquait au XVIIe siècle.

Quant à la seconde commission, je lui vois pour modèle la sortie de l'apartheid et la manière avec laquelle a été instruit et mis en scène le rapport entre le bourreau et sa victime. Ainsi le délit est-il reconnu. Et dans sa reconnaissance, la victime octroie le pardon à son bourreau, dit « perpétrateur ». Celui-ci est mis en face de son mal et des principes éthiques et juridiques auxquels il a failli et qu'il aura à assimiler pour être absous et guérir. Telle est la pédagogie de la réconciliation qui ne cherche pas à oblitérer, au reste, la part de l'irréconciliable, reléguée dans le for intérieur.

21.

Où la liberté s'exprime

Hind vient d'arriver à Tunis munie de sa caméra afin de tourner un reportage pour Arte. Amina m'appelle du Caire. Elle décide de nous rejoindre. Elle veut vivre ces jours où pour la première fois la liberté rayonne sur des Arabes. Et cela me rappelle le début du *Contrat social* : « L'homme est né libre, et partout il est dans les fers… Tant qu'un peuple est contraint d'obéir et qu'il obéit, il fait bien ; sitôt qu'il peut secouer le joug et qu'il le secoue, il fait encore mieux ; car, recouvrant sa liberté par le même droit qui la lui a ravie, ou il est fondé à la reprendre, ou l'on ne l'était point à la lui ôter. »

Amina commente les événements en me parlant du « lien entre le désir de liberté et les conditions de vie ; la démocratie, c'est aussi le contrôle des ressources et des biens produits par un pays ; et c'est le partage qui doit se faire, même s'il n'est pas parfait ; c'est aussi le peuple qui surveille le devenir du pays, sa construction, sa place dans le monde ; l'intérêt général doit primer sur l'intérêt particulier qui, dans les cas extrêmes, se transforme en pillage pur et simple. C'est pour cela que tout se tient, que le dénuement débouche sur le désir de liberté avant le besoin de pain ; c'est la leçon de 1789, toujours d'actualité. Seule la liberté peut vous assurer la possibilité de cheminer vers un avenir de moindre misère ; sans elle, vous êtes à la merci du bon vouloir de ceux qui confisquent le pouvoir ».

En ces premiers jours de révolution, les Tunisiens respirent l'air de la liberté. L'avenue Bourguiba s'est transformée en Hyde Park. C'est le défouloir. Nous assistons à la catharsis de toute une société. Après le temps des brimades, de la honte, du refoulement, de la servitude consentie, c'est l'heure où chacun goûte l'orgueil de soi. L'aura de l'histoire transfigure les faces. Toute personne est arrachée de la médiocrité où elle pataugeait pour se découvrir céleste. Chacun offre à l'autre et s'offre à lui-même sa meilleure part. C'est un moment de grâce, moment d'exception qui ne durera pas, hélas ! Quand la poésie de la révolution se retirera, comment nous accommoderons-nous de la prose du quotidien ?

Après les premiers jours où les sbires de Ben Ali ont semé le désordre et la terreur, après l'éclipse de la crainte du chaos, les opinions, les manifestations, les initiatives, les débats, les controverses, les protestations se multiplient dans la civilité. J'ai croisé un journaliste étranger lors de la manifestation contre le siège du parti-État, il m'a dit : « C'est une révolution sympathique ! » Nous venons d'assister à l'arrivée d'une centaine d'islamistes criant : « Dieu est grand » avant de se prosterner pour la prière. Les milliers de manifestants les ont contournés, s'en sont éloignés : ainsi ont-ils désamorcé leur effet en les ignorant.

Devant le théâtre municipal, le soir, avant le couvre-feu, un autre journaliste européen me dit : « C'est une révolution polie ! » Remarque suscitée par la masse de jeunes comblés, écoutant un concert de rap sur les marches du théâtre, ne cherchant pas à en forcer les portes closes, ni à l'occuper et le profaner, lui épargnant le sort qu'a connu le théâtre de l'Odéon, à Paris, en Mai 68.

En me promenant à Tunis, bien des scènes croisent d'autres révolutions. C'est la particularité de ce qui anime Tunis. L'événement porte en lui la mémoire de l'histoire universelle tout en demeurant fidèle à sa singularité. La révolution tunisienne attire tant d'analogies que nous avons évoquées et que nous évoquerons encore.

Dans la médina, à l'orée du quartier des ministères, qui s'enchaînent sur le boulevard, Amina entend trois fonctionnaires des impôts dire qu'ils ont expulsé leur chef de cabinet véreux, qui était au service de la mafia de Ben Ali. Elle apprend par un de mes frères, juge, Mokhtar Meddeb, que les magistrats ont renvoyé six de leurs confrères achetés par le clan présidentiel. « Ces gestes rappellent 1789, dit Amina, lorsque les révolutionnaires avaient vidé des administrations leurs patrons, agents des privilèges qui venaient d'être abolis. »

L'inventivité des slogans et des affiches restaure en ma mémoire Mai 68. Ainsi le parti-État honni, le Rassemblement Constitutionnel Démocratique, devient-il dans la bouche des manifestants le Rassemblement Contre la Démocratie. L'impropriété des mots est corrigée. Il faut bien apprendre à nommer une dictature dictature. Et sur une affiche en forme de *tondo* l'emblème du couple prédateur déchu associe le pistolet du policier au séchoir de la coiffeuse.

La veille des jeunes en joie autour de cercles ponctués par les flammes vacillantes des bougies évoque les Berlinois, à l'automne 1989, incrédules devant la chute du mur.

22.

Une armée civique

La marguerite que plante une jeune Tunisienne dans le fusil d'un militaire convoque une image de Lisbonne magnifiée par la révolution des Œillets. Cette révolution qui a assuré aux Portugais la sortie pacifique du salazarisme a été possible en raison du soutien de l'armée.

La même chose s'est passée en Tunisie. Le général Rachid Ammar a refusé d'user de ses armes contre la foule des protestataires. Il a même floué Ben Ali en déguisant son bannissement en départ provisoire. Et les hommes du même général ont neutralisé les troupes de l'autre général, Seriati, à la tête de la garde présidentielle, lequel avait organisé la sédition destinée à créer le chaos et favoriser le retour du dictateur qui aurait été soudain paré des vertus du sauveur.

Nous saluons cette armée civique et son chef le général Ammar qui, lors d'une intervention publique informelle, a pris une position déterminante lorsque la place du Gouvernement était occupée par les campeurs de Sidi Bouzid. Il a appelé les manifestants à évacuer la place et à donner sa chance au gouvernement de transition afin de ne pas ajouter le vide au vide, car le vide engendre la terreur et la terreur la dictature. En quelques mots, il a rappelé que le scénario à éviter est celui de la Révolution française, celui qui a enchaîné inexorablement les séquences du 14 juillet 1789 au 18 brumaire an VIII (9-10 novembre 1799), en passant par la Grande Terreur de l'été 1794.

Notre général se révèle avoir réfléchi à la Révolution française en lisant François Furet. Il porte à la Révolution une admiration qui se change en répulsion lorsque les excès et la surenchère dominent, comme il en a été à partir du printemps 1793 avec l'instauration du Tribunal révolutionnaire et du Comité de salut public. Nous reconnaissons un regard désenchanté que nous partageons. Le temps du romantisme purificateur est révolu en politique.

Ces références occidentales (et surtout françaises), à l'œuvre dans la révolution tunisienne, rendent les événements opaques aux commentateurs arabes d'Orient, obnubilés par des référents islamiques (ou anglo-saxons) derrière lesquels ils vont en chasse pour revenir bredouilles car ils découvrent qu'ils ont pris la proie pour l'ombre.

Le seul article pertinent que j'aie lu dans la presse arabe, laquelle à ce moment parle idiotement de coup d'État déguisé, est celui écrit par Abdel Monem Saïd dans *Asharq al-Awsat* daté du

26 janvier (« À propos de ce qui s'est passé en Tunisie »). L'auteur estime que la chute de Ben Ali est due à l'éclipse de confiance qui lie gouvernants et gouvernés, condition principale de l'exercice du pouvoir.

Il cite Confucius qui dit qu'un gouvernement a besoin de trois choses : les armes, la nourriture, la confiance ; si tu perds les armes, garde la nourriture et la confiance ; si tu n'octroies plus de nourriture, avec la confiance tu peux encore gouverner. Mais si elle seule disparaît, tout pouvoir cesse.

Il ajoute à cette citation le renvoi à une œuvre de Fukuyama consacrée à la confiance comme « capital social » (*Trust*, 1995). Dans ce livre, Fukuyama oppose les pays où la confiance est dans la société (Allemagne, Japon) et les pays où la confiance ne quitte pas le giron familial (France, Chine). La première catégorie favorise l'esprit d'entreprise, d'où la réussite libérale. Là où la confiance ne sort pas du cercle de proximité, l'action sociale et économique de l'État est plus puissante.

La confiance en Ben Ali a changé en défiance, d'où son rejet.

23.

Du rôle d'Internet

Revenant sur le rôle d'Internet dans cette révolution, un autre fait m'est révélé par Sofiane Belhaj lorsque je l'ai rencontré pour la première fois en compagnie de Hind, dans la foulée de son arrivée à Tunis. C'était dans un café de la médina, juste après la Zawiya qui célèbre la mémoire du saint andalou Sidi Ali Azzouz émigré en Tunisie au XVIIᵉ siècle. La terrasse du café donne sur la place dominée par une ancienne caserne de janissaires dont la façade exhibe une plaque dédicataire portant une des rares inscriptions en turc que compte la ville ; il s'agit de formules ottomanes transcrites en lettres arabes.

Le site de Sofiane a été repéré par certains blogueurs comme ayant été à l'origine de l'interruption de Facebook par la police. Il a reçu des protestations qui ont montré à quel point les internautes étaient attachés à ce support et tenaient à cette nouvelle forme de sociabilité. Aussi a-t-il eu l'idée de lancer un appel aux abonnés les incitant à résilier leur contrat, lequel stipule qu'une interruption unilatérale est légitime au cas où le serveur n'assure pas l'accès à l'intégralité des services. Le lendemain, il y a eu quatre mille résiliations. Comme tous les serveurs appartiennent à la mafia présidentielle, un affolement s'en est suivi en haut lieu. Ce sont des raisons vénales d'intérêt immédiat qui ont contribué au rétablissement de Facebook. Cet appât du gain a joué autant sinon plus que les pressions américaines qui ont exigé le libre accès au réseau.

L'instrument de cette révolution aura été Internet. C'est la première fois qu'une révolution réussit à partir de cette médiation par laquelle messages et témoignages ont transité en français, en arabe et en anglais.

Un autre événement d'Internet a participé à l'éveil des consciences et a autorisé plus d'un à s'allier à l'audace. Il s'agit des vingt-quatre documents officiels américains qui concernent la Tunisie rendus publics par Wikileaks. Les internautes tunisiens ont commencé leur vrai acte de désobéissance plus d'un mois avant le 17 décembre lorsqu'ils ont décidé de diffuser à l'échelle nationale ces documents. L'un de ces documents qualifie de « quasi-mafia » le cercle qui occupe le sommet de l'État. Ce que le sens commun tunisien a enregistré depuis des années est confirmé par l'officialité américaine.

La guerre cybernétique a commencé à l'occasion de cette diffusion. Les internautes tunisiens étaient déjà éprouvés lorsqu'ils se sont mobilisés en faveur des événements partis de Sidi Bouzid suite au sacrifice de Bouazizi le 17 décembre.

Sofiane et ses amis de la blogosphère ont acquis la certitude qu'ils étaient encouragés par les Américains lorsqu'ils ont découvert de nouveaux documents officiels émanant des notes diplomatiques envoyées par l'ambassade à Washington et n'appartenant pas au lot initialement diffusé par Wikileaks. Parmi ces documents, il y a cette note autographe de l'ambassadeur comparant les fantaisies du gendre de Ben Ali, Sakhr Materi, aux lubies d'Oudei Saddam, fils de Saddam Hussein, lorsqu'il avait vu un lion en cage dans sa demeure à Hammamet.

Quand le discours qui était destiné à rester caché est révélé, cela produit des ravages. La diffusion du secret est mortelle. Elle l'a été en mystique. C'est ce que Ibn Arabi reproche à Hallaj ; ce dernier est dans le vrai, son expérience est authentique, c'est un véritable saint, mais sa condamnation est légitime, sa mort est méritée : n'a-t-il pas rendu public un mystère qui devait être tu, celui de la divinité de l'homme ?

La révélation du secret peut aussi être funeste pour les amants. Une telle révélation a rendu Leïla interdite à Majnoun, selon le mythe qui a inventé la folie d'aimer jusqu'à en mourir en Arabie à la fin du VIIe siècle. Un ressort semblable anime Tristan et Yseult comme Roméo et Juliette.

Et la même révélation du secret produit des effets considérables en politique.

Un autre aspect de la question est malmené par Internet : la « mise au secret » n'est plus aussi aisée. Lorsque Slim Amamou a été arrêté par la police politique et incarcéré dans un endroit secret, il a enclenché le système de localisation de son portable sur Google Earth. Ses correspondants, partout dans le monde, sachant où il se trouvait, ont assailli les autorités de messages de protestation appelant à le sortir du cachot identifié.

Ainsi Internet s'avère-t-il instrument neutre. Tout dépend de l'intention et du projet de son utilisateur. De l'aire islamique, en ces débuts du XXIᵉ siècle, nous sont venus deux événements dont le vecteur a été Internet. L'un représente le pire, l'autre le meilleur. L'un est à attribuer à la séquence de la haine, l'autre à celle de l'amour. Il y a eu d'une part le crime commis en Amérique le 11 septembre 2001, d'autre part la révolution tunisienne. Dans l'un et l'autre cas, les appareils d'État se trouvent de toutes parts débordés par ces processus de déterritorialisation (Deleuze) et de dissémination (Derrida) qui se conjuguent pour créer les conditions du nomadisme moderne où circulent des errants insaisissables capables de passer du secret à sa déclaration en se rassemblant en communautés qui se dissolvent dès que leur mission est accomplie.

Par ces deux actes, les musulmans nous rappellent qu'ils ne viennent ni d'un autre temps ni d'une autre planète. Ils n'appartiennent pas non plus à une autre espèce. Ils sont humains, trop humains, sujets actifs d'une histoire qui ne connaît pas de fin. Parmi eux, il y a ceux qui sont aptes au meilleur et ceux qui sont partisans du pire.

Après le démenti apporté à la thèse de la fin de l'histoire, nous retrouvons ici la matière ruinant cette autre thèse qui prône le choc des civilisations : l'islam ne présente pas un bloc magmatique intégralement hostile à l'Occident. Si le 11 septembre confirme cette thèse, le 14 janvier lui apporte un démenti cinglant ; l'essentiel des principes qui l'ont éclairé sont de genèse occidentale, même si aujourd'hui ils sont appropriés par tous. La révolution tunisienne confirme que le don occidental est un bien qui appartient à l'humanité entière.

Aux épigones du 11 septembre, nous dirons avec Voltaire : « On ne fait jamais du bien à Dieu en faisant du mal aux hommes. » Et nous éclairerons tout protagoniste du 14 janvier par ce conseil d'Ibn Arabi : « Que ton cœur soit capable d'accueillir toutes les formes qui parent la croyance. » Ainsi renvoyons-nous les uns à la barbarie de leur fanatisme et célébrons-nous chez les autres la virtualité du relatif, l'ouverture sur l'altérité et la capacité d'accueillir toute idée jugée faste quelle qu'en soit l'origine.

24.

Liberté de penser

Les femmes en Tunisie m'impressionnent par la manière souveraine avec laquelle elles vivent leur conquête. Dans cette révolution, leur présence est déterminante. Elles ont été fort actives dans la manifestation concluante du 14 janvier. Ensuite, le 29, elles ont organisé leur propre manifestation avenue Bourguiba, où elles ont eu le courage d'affronter quelques contestations islamistes et machistes, parfois menaçantes. Elles ont aussi eu un rôle majeur dans la protestation des laïcs qui a rassemblé plus de vingt mille personnes le samedi 19 février. Lors de cette manifestation a été massivement exprimé le rejet de l'État islamique. C'est l'État laïc qui protégera les acquis constitutionnels et du statut personnel.

Dès mon premier soir à Tunis, le signe de l'allure nouvelle qu'a prise la télévision a été mis sous l'égide du féminin. Des femmes discutent entre elles de leur condition sur le petit écran. J'y reconnais de vieilles connaissances comme la juriste Soukeina

Bouraoui, la femme de lettres Raja Ben Slama, la militante du droit à la démocratie Sana Ben Achour. Je retiens ce qu'elles disent sur les femmes qui se voilent, phénomène tardivement apparu, il y a dix ans, dans une Tunisie où la gent féminine est jalouse de ses acquis. Elles évoquent les effets de culpabilisation des prêches télévisuels arabiques qui captivent et aliènent les âmes des croyantes. Elles signalent que le voile peut s'accommoder de la défense des droits féminins et de l'égalité entre les sexes.

Je reste sceptique sur cette remarque : si la prescription du voile peut être extraite du texte coranique, les déclarations qui stipulent l'inégalité de nature et de droit entre les sexes y sont encore moins ambiguës. Tout dépend du statut qu'on accorde au texte et du rôle qu'on attribue à l'interprétation et à l'herméneutique.

Ce qui compte dans cette séance féminine, c'est la sérénité de l'échange ainsi que le recours à la raison et sa puissance argumentative. La compétence et la performance rhétoriques produisent chez ces femmes un discours de persuasion accessible au peuple. La langue qu'elles utilisent est l'arabe vulgaire qui s'autorise la créolisation en recourant à des accès au français ou à l'arabe littéral.

L'usage du vulgaire me rappelle que celui-ci, en épousant l'éloquence, peut devenir illustre. Nous le savons depuis Dante qui a choisi de dire dans le vulgaire toscan ce qui ne s'écrivait qu'en latin. Il voulait apporter le grand savoir à la langue dans laquelle parlent les nourrices et les lavandières. Aujourd'hui, il est rassurant d'entendre dans le vulgaire tunisien les concepts et les notions s'adapter et se mouvoir aisément. L'accès aux autres langues dont on dispose et qui viennent à l'esprit du locuteur légitiment la créolisation chère à la pensée en archipel d'Édouard Glissant. La créolisation est une hybridation qui aiguise le sens.

Après d'autres intellectuels, parmi lesquels j'ai cité Hichem Djaït et Hamadi Redissi, j'ai été convié par la chaîne Nessma à une conversation télévisuelle de près d'une heure. C'est en vulgaire tunisien mâtiné de créolisation franco-arabe que j'ai développé les conditions de la tyrannie. Celle-ci ne prospère pas sans notre servitude volontaire.

J'ai analysé d'abord le rêve d'Atossa, la mère de l'empereur Xerxès, tel qu'il est imaginé par Eschyle dans *Les Perses*. Ce rêve met en scène l'allégorie des deux sœurs Asie et Europe qui se présentent devant Xerxès, l'une en robe perse, l'autre vêtue en dorienne. L'empereur avance vers elles pour les atteler à son char et leur mettre le harnais sur la nuque. La première offre une bouche docile aux rênes ; tandis que l'autre trépigne, met en pièces soudain le harnais, tire le char de vive force malgré le mors et brise le joug en deux.

La tragédie est construite sur cette opposition entre le despotisme d'un seul fondé sur le consentement de la multitude et la démocratie qui refuse la soumission à l'Un et s'y oppose.

Le tyran, devant ses sujets, n'est pas comptable de ses actes. Xerxès conduit son armée au désastre de la défaite maritime à Salamine. Personne ne lui demande des comptes ni ne met en cause sa légitimité.

Tandis que du côté des Athéniens, Thémistocle, l'homme politique qui est à l'origine de leur triomphe, ne s'attribue pas même la victoire ; selon lui, les Grecs la devaient aux héros et aux dieux.

Puis j'en suis venu au *Discours de la servitude volontaire* écrit par La Boétie, l'ami de Montaigne. L'idée en est simple : comment des nations si nombreuses se soumettent-elles à la tyrannie d'un seul qui n'a de puissance que celle qu'elles lui donnent ? Pourquoi des millions d'hommes servent-ils misérablement un seul dont ils ne doivent craindre ni la puissance ni estimer les qualités puisqu'il leur est inhumain et sauvage ? Pourquoi, malgré notre nombre, nous sentons-nous si faibles pour obéir à la force d'un seul ?

Il ne peut y avoir de tyrannie sans servitude volontaire. Ayant le choix d'être serf ou libre, le peuple consent à son mal ou le pourchasse. Ou bien nous acceptons celui qui nous terrorise et nous serons complices du meurtrier qui nous tue et traîtres à nous-mêmes. Ou bien nous décidons de lui retirer notre soutien, alors il finira par se rompre.

Le secret de la tyrannie qui réussit, c'est sa reproduction. Le tyran terrorise tout en en récompensant six du cercle qui l'entoure ; ceux-ci agissent de la même manière sur six cents ; et les six cents en ont sous eux six mille ; c'est par cette corde que les millions se tiennent au tyran.

Tel est le message de ce discours devenu célèbre sous le titre du *Contr'un*, et qu'il m'a paru utile de présenter à l'occasion de la chute du dictateur émanant de la figure de l'émir. La tyrannie n'est pas une invention islamique ; l'islam a créé l'émir pour s'adapter au legs du despotisme antique, dans sa version perse.

Je suis heureux d'avoir pu vivre la conjoncture qui a rendu possible la transmission de ce message en arabe vernaculaire, donnant à notre vulgaire, à l'instar de Dante, la dignité d'une pensée mobilisatrice de l'être qui dessille les yeux du peuple.

Je venge Moustapha Safouan qui, il y a quelques années, a pris l'initiative de traduire en vulgaire égyptien le *Contr'un* dont la publication au Caire n'avait reçu aucun écho. Le psychanalyste parisien voulait finir ses jours dans le pays qui l'a vu naître. En s'installant en Égypte, il avait à cœur d'œuvrer à libérer son peuple. Pour accomplir ce dessein, il avait pensé traduire La Boétie.

En psychanalyste, Safouan devait être familier de la notion de servitude volontaire qui est décelable le long des cures auxquelles s'adonnent les analysants. N'est-elle pas active dans les aliénations que provoquent les relations intersubjectives, notamment dans les rapports de force au sein des couples et dans les tensions et les crises entre pères et fils, mères et filles ?

Mais la non-réception du livre a désespéré Moustapha Safouan de l'Égypte et de son environnement culturel. Pour cette raison, il a consacré un livre sur l'insécable aliénation de ce monde (*Pourquoi le monde arabe n'est pas libre*).

Au vu de la contagion de l'Égypte par la révolution tunisienne, peut-être la circonstance est-elle favorable pour que la notion de servitude volontaire soit intériorisée par les Arabes. Et que son antidote soit expérimenté par eux afin qu'ils passent du despotisme à la démocratie.

Avec ces leçons quasi académiques, certaines chaînes de l'audiovisuel accordent une part de leur programme à ce qui pourrait être une université populaire hors les murs. Elles sont à la télévision ce que France Culture est à la radio. Ces dispositions appartiennent à la liberté d'expression et de création qui favorise la liberté de pensée, arme de l'intellectuel critique. Là se repère une des premières conditions de la réussite démocratique.

25.

Démocratie et transparence

La deuxième condition de cette réussite est l'indépendance de la justice. Les magistrats eux-mêmes y travaillent. Mille cent sur mille huit cents juges se sont réunis en conclave le week-end du 5 et 6 février à Hammamet afin d'élaborer leur statut en confrontant cinq ou six exemples de pays démocratiques européens pour s'en inspirer et en faire la plus adéquate des synthèses. En Tunisie les juges ne disposaient d'aucun statut. Ainsi étaient-ils otages de l'exécutif.

C'est un de leurs collègues qui a été nommé dans le nouveau gouvernement de transition ministre de l'Intérieur. Farhat Rajhi a conquis le cœur des Tunisiens par sa franchise et la transparence de ses propos.

Lors d'une prestation télévisuelle, il a rendu compte aux citoyens d'une crise qu'a traversée son ministère. Celui-ci était le foyer du pouvoir politique du temps de Ben Ali. Et avec un magistrat à sa tête, l'ordre des choses devrait naturellement être rétabli. C'est à la police et à l'administration d'obéir à la justice, explique-t-il. Il faut que cesse l'usurpation qui a étendu le domaine de ce ministère. La police n'est pas une fin en soi mais un instrument de coercition entre les mains de la justice pour maintenir l'ordre et appliquer la loi dans les limites du droit.

L'épuration s'impose. Aussi le ministre a-t-il décidé de mettre à la retraite anticipée trente-quatre officiers haut gradés. Ceux-ci entrèrent en rébellion en mobilisant trois mille hommes de leurs troupes qui avaient cherché à prendre en otage leur ministre, lequel évita un massacre en quittant les lieux par une porte dérobée en compagnie du chef d'état-major, le général Ammar, sous la protection de la brigade antiterroriste.

En ce mercredi 2 février, afin de venger le sort qui leur a été dévolu, les troupes des destitués s'en sont allées en ville pour terroriser la population. Certaines exactions, gonflées par les rumeurs et la frayeur, ont répandu instantanément la panique ; en plein jour, vers 13 heures, la ville s'est vidée. À la télévision, le soir même Farhat Rajhi informe les citoyens de la crise par le menu détail. Une telle transparence, une telle franchise ont rétabli la confiance.

Dans cette causerie, je relève que Farhat Rajhi parle comme nous, en arabe vulgaire créolisé par le recours ponctuel à l'arabe littéral et au français. Il parle en technicien marqué par la méthode judiciaire. Il n'avance aucun fait sans recourir à l'instruction qui en produit la preuve.

Il précise la nouvelle vocation de la police qui a pour charge de protéger la propriété publique et privée et d'assurer la sécurité du citoyen.

Il établit une sorte de charte qui régule les rapports entre l'agent de l'autorité publique et le citoyen. Ces rapports doivent être soumis aux bonnes manières, à la courtoisie, au respect mutuel, dans l'application de la loi et la prévention des abus.

Puis il a évoqué la demande formulée par la police de se doter d'un syndicat. Cette demande a été appréciée après qu'il s'est informé de ce qu'il en est dans les États démocratiques, qui, précise le ministre, sont européens et occidentaux. Suite à cette enquête, il a trouvé légitime l'institution syndicale au sein de la police avec comme restriction de ne pas recourir à la grève.

Enfin, il a exhorté les agents à rejoindre au plus tôt leur poste et à ne pas craindre pour leur passé dont ils peuvent être tenus pour responsables. Le commun parmi eux ne sera pas comptable de ses agissements antérieurs s'il consent à se plier aux règles nouvelles.

Nous sommes dans l'esprit d'apaisement et de réconciliation que nous avons rencontré avec les exemples de sortie du franquisme, du salazarisme et de l'apartheid.

Telle a été la leçon de démocratie et de transparence que le ministre renouvellera trois jours plus tard après les troubles nocturnes de Sidi Bouzid qui ont conduit à la mort dans un incendie criminel d'un témoin accablant pour le RCD, l'ex-parti-État.

Après enquête, il a été acquis que ce sont des membres éminents de ce parti qui ont provoqué l'incendie criminel du commissariat dont une des cellules abritait le témoin. Le ministre en tirera parti pour suspendre les activités de cette organisation, en geler les avoirs et en sceller les locaux. Ces mesures radicales conduiront à la dissolution de ce parti réclamée avec insistance par l'opinion.

L'épuration et l'assainissement nécessaires sont conduits dans la célérité, avec rigueur, dans la transparence. C'est une probante propédeutique pour nous faciliter l'allée vers la démocratie.

26.

Vision en médina

Un matin, j'ai laissé ma voiture sur les hauteurs de la médina, place Rahbat-Lighnem, à l'ombre de la mosquée du XIVe siècle, Jama' Lihwa, commanditée par une princesse hafside. Je traverse le faubourg et le boulevard, puis j'entre dans le dédale de la médina par la rue du Riche ; je bifurque par la rue des Andalous. Me voici place du Général, devant le beau palais husseinite du XVIIIe siècle qui abrite l'Institut d'archéologie.

Un fonctionnaire se présente à moi en me montrant une étiquette accrochée sur la boutonnière de sa veste exhibant un : « Non au RCD » ; ainsi, me dit-il, nous rejoignons nos postes de travail tout en signifiant notre refus du parti-État. Les actes de résistance s'accumulent.

Les souks sont déserts. Pas un atelier ni une échoppe ne sont ouverts. Dans le silence assourdissant, je n'entends que mes pas. Soudain mon oreille est assaillie par l'hallucination sonore du cri qu'avait lancé Ibn Arabi, ravi par l'extase lorsqu'il avait visité les lieux à la fin du XIIᵉ siècle. Un cri, nous dit-il, qui a secoué la ville et a pris la force d'un séisme qui fit trembler les femmes enceintes de peur qu'elles n'accouchent avant terme.

Ibn Arabi me revient avec insistance, lui qui, sur le site de Tunis, a vécu un miracle christique lorsqu'il était dans le vaisseau qui venait de l'amener de Béjaïa : il a eu la vision de Khidr le hélant du côté du lac et lui demandant d'approcher ; il marcha sur les eaux pour parvenir à son évanescente silhouette. Le souvenir de cet acte intensifie la dimension christique de ce que nous vivons à Tunis, dans le sillage du sacrifice rédempteur de Mohamed Bouazizi.

L'écho du cri d'Ibn Arabi s'est dissipé. Et le dédale a de nouveau été envahi par le silence. Je passe devant la porte dérobée de la grande mosquée de la Zitouna, celle par laquelle pénètre l'imam jusqu'à son alcôve, à l'arrière du mihrab monumental, d'où il dirige la prière. Le linteau et les piédroits qui l'encadrent sont de grandes et étroites plaques de marbre antiques ouvragées et ici remployées.

Le silence se peuple soudain de la rumeur de mon premier livre *Talismano* (écrit en 1976, publié en 1979), qui rapporte les bribes d'une insurrection rêvée dans ce lacis. Par un message récent, sa traductrice américaine, Jane Kuntz, en a ravivé le souvenir à l'occasion de la présente révolution. Jane a achevé la traduction du livre l'automne dernier en vue de sa parution début juillet 2011. Elle a vécu de longues années en Tunisie et connaît parfaitement la scène de la fiction que je retrouve vide et prédisposée à accueillir le théâtre de toutes les révoltes.

Le 14 janvier, le vendredi de la grande manifestation, Sofiane m'a dit que les policiers n'osaient pas entrer dans le labyrinthe de la médina envahi par une foule déterminée, se déversant par paquets hors les murs, au-delà de la porte de la mer, pour converger vers l'avenue Bourguiba.

Voici ce que m'écrit Jane Kuntz : « Vous l'avez annoncé déjà dans *Talismano*, que les insurgés, repliés dans les régions reculées et ingrates des steppes, des sebkhas, des déserts, referaient surface un jour et prendraient leur juste revanche ! Espérons que raison sera gardée, qu'on fera les meilleurs choix lorsque le temps des scrutins viendra, et surtout que des actes de provocation ne feront pas de cette situation si joyeuse un prétexte d'intervention musclée. Mes amis sur place me disent qu'une espèce de courtoisie, d'esprit citoyen, de civilité s'est emparée des gens, qu'ils ne se bousculent pas malgré quelques pénuries, qu'ils s'entraident, qu'ils respirent à pleins poumons la liberté ! »

27.

Sur l'avenue Habib-Bourguiba

Je sors du dédale de la médina. Je fais le détour par le marché central, ces vastes halles qui me renvoient à l'enfance et dont le volume était corrompu par un énorme portrait photographique de Ben Ali. Libéré de l'image qui l'encombrait, l'espace respire mieux. Il y a peu de monde mais les étals regorgent des généreux produits des vergers et des maraîchers qui environnent Tunis à son ouest et vers un sud s'engouffrant en est dans la presqu'île du Cap Bon. La halle aux poissons déborde des dons de la mer. Là aussi, la transparence règne. La cordialité est de mise.

Bienvenue au temps qui renoue avec la médiévale courtoisie, d'Ibn Hazm à Guillaume d'Aquitaine, d'Ibn Arabi à Dante. Ce temps où la dame initie le fidèle d'amour avec des accents qui croisent le provençal, l'arabe et le toscan. C'est un concert qui emporte dans son sillage tant d'autres idiomes romans dont je reçois les échos dans Tunis donné à la révolution.

M'extrayant du portique qui longe l'avenue de France à la hauteur de l'immeuble Art déco le National, je m'arrête sur la place bordée d'un côté par l'ambassade de France, de l'autre par la cathédrale dédiée à saint Vincent de Paul (1890-1897). Les détails du décor se révèlent mieux à l'œil maintenant que l'avenue Bourguiba, fermée à la circulation automobile, change en zone piétonne.

Pour la première fois, je remarque sur la façade de l'édifice la transposition de l'iconographie qui pare le portique sud de la cathédrale gothique de Strasbourg. À droite, parade l'allégorie de l'Église en dame couronnée et glorieuse, portant fièrement les éléments de l'eucharistie ; à gauche se contorsionne la dame qui représente la Synagogue aux yeux bandés, s'empêtrant avec les morceaux d'une lance brisée.

Cet ensemble statuaire n'a pas été inspiré par la beauté de l'original. Il est d'une laideur indigne. L'œuvre signale la malveillance catholique des colons qui firent appel à un tel programme iconographique à l'heure où Guy de Maupassant arrivant à Tunis s'est exclamé : « Tunis est une ville juive. »

Le recours à l'antijudaïsme médiéval n'alimente-t-il pas l'antisémitisme contemporain ? N'oublions pas que l'affaire Dreyfus a éclaté en métropole au moment où l'édifice était en cours de construction à Tunis.

Au centre de la place s'élève le portrait en pied d'Ibn Khaldûn, né en 1332 à Tunis. C'est une statue en bronze moulée d'après un modèle dessiné par Zoubeir Turki ; je ne sais pas si le facétieux artiste avait fait délibérément de ce portrait imaginaire un autoportrait ou s'il continue la tradition des artistes figuratifs qui, depuis le Quattrocento, ne parviennent pas à se dégager du narcissisme qui adapte à sa propre image l'image des autres.

À côté de la statue stationne un char d'assaut couleur sable entouré de militaires avec qui les passants fraternisent. C'est le signe que nous vivons l'état d'exception, fût-il des plus pacifiques.

Derrière moi deux personnes discutent. J'entends l'un d'eux se référer à Qaradawî, la voix de l'intégrisme que transmet al-Jazira. Celui-ci n'a utilisé que des catégories coraniques pour commenter les événements de Tunisie qui se sont pourtant déroulés hors tout repère religieux. Les catégories qui leur correspondent sont toutes occidentales, et surtout françaises.

C'est la raison pour laquelle je reste surpris par le silence des intellectuels en France. Comme s'ils étaient atteints par une sidération qui les empêche de voir, d'entendre, de dire. Est-ce l'épouvantail islamiste qui leur voile le jugement ? Est-ce encore la vision culturaliste qui rejette ce qui provient de la rive sud de la Méditerranée à une différence intraitable en raison de son étrangeté islamique ? Qu'est-ce qui les prive de discerner le ressemblant dans le dissemblable ? Ou se sentiraient-ils diminués en reconnaissant une pertinence inaugurale qui ne vient pas de leur aire géographique ?

Pour l'heure il me faut répondre à l'autre péril, celui de la récupération islamique, sinon islamiste. Je me tourne vers mes voisins qui avaient les attributs des musulmans pieux, notamment la chéchia de feutre pourpre qui ceint un front marqué par la *zbiba*, cette callosité qui résiste aux rides, signe de leurs prosternations.

Je leur dis que certes Qaradawî n'a pas tort lorsqu'il évoque à propos de Ben Ali le *t'aghût* : cette catégorie n'est que l'adaptation coranique du dispositif de la tyrannie et du despotisme antiques. Mais lorsque le prédicateur qui émet de Doha déclare qu'il faudra nettoyer la Tunisie des débris des déesses al-Lât et al-'Uzza, nous ne le suivons pas. Cette invitation à la destruction des idoles n'aura pas lieu, car d'idoles il n'y en a point. À moins que Qaradawî continue de croire à sa fatwa qui assimile le laïc musulman à un apostat qui régresse vers la *jâhiliyya*, ce temps des idoles érigées que la descente coranique destitue au nom du culte pur, celui de l'Un qui « n'a pas engendré et qui n'a pas été engendré », à qui « rien ne ressemble ».

Je dis aussi à mes deux interlocuteurs que l'islam ne constitue pas une parade contre la tyrannie comme le laisse penser Qaradâwi qui doit estimer que l'histoire réelle des hommes n'est que retour à la *jâhiliyya*. Cette ère d'avant la prédication islamique est perçue par les islamistes comme récurrente dans un monde qu'ils croient déserté par la grâce divine dès qu'il n'est pas gouverné par la sharia.

Toute l'histoire de l'islam, depuis au moins le troisième calife Othman, est celle de la tyrannie, du népotisme, de l'atteinte à l'intégrité du corps. Le Bon Gouvernement, lorsqu'il a existé, n'a jamais quitté cette structure, il en a simplement limité les dégâts. J'informe mes interlocuteurs de l'existence d'une encyclopédie en sept volumes écrite par un de leurs coreligionnaires irakiens exclusivement consacrée aux sévices et injustices extraits de la chronique islamique. Laissés à leur trouble, ils ont néanmoins noté les références de cette *Mawsû'at al-'Adhâb* (« Encyclopédie de la torture ») conçue par Abbûd Shâlji.

Cet épisode illustre les effets de la réislamisation des sociétés par les télévisions arabiques, y compris al-Jazira. Leur message ultime correspond à ce que j'ai appelé dans *La Maladie de l'islam* l'islamisme diffus. C'est le vrai diagnostic du mal, autrement plus dangereux que l'islamisme politique ou terroriste. Ce tout dernier réclame un héroïsme en phase avec un romantisme ne concernant par nature que le très petit nombre. Mais c'est la corruption du sens commun par l'islamisme qui inquiète.

Cette corruption a même atteint le milieu des chanteurs rap dans lequel Hind a plongé pour en tirer un reportage diffusé début mars sur Arte. En rentrant avant vingt-deux heures, couvre-feu oblige, j'ai vu chaque soir ses rushes. On y découvre une jeunesse créative qui a joué un rôle majeur en brisant la loi du silence. Ils sont sur le front de cette conquête depuis 2005.

Hamada Ben Amor, de Sfax, dit El Général, a lancé sur le net des chansons incendiaires depuis le 17 décembre. Et dès le 7 novembre, jour qui célèbre chaque année depuis vingt-trois ans l'intronisation du président, il a diffusé une pièce où il interpelle nommément Ben Ali, l'accablant de tous les maux, hors toute forme de respect. Il a d'ailleurs été arrêté et maltraité. Mais sa dernière chanson est de substance islamique, sinon islamiste. On y entend la *shahada*, la profession de foi et autres revendications islamo-identitaires.

Il y a cet autre rappeur franchement islamiste, Psyco M., de Kabbaria, banlieue méridionale populaire, qui compte cent mille amis sur Facebook. D'évidence, il est en quête d'identité et se nourrit de la substance islamiste diffusée par les télévisions satellitaires qui émettent d'Arabie.

Toutefois, il y a un hiatus entre sa mise et son « body language » d'une part et le contenu de ses chansons d'autre part. Psyco M. se présente en jeune réalisant dans son corps le rêve de l'individu globalisé. Et par ses mots, il adhère à l'identité islamiste comme identité alternative qui refuse la mondiolatinisation. Cela ne l'empêche pas d'aimer les chiens, d'en élever et d'assister à leurs combats sanglants organisés dans une arène de fortune.

Selon Hind, de telles situations sont retournables

par le débat démocratique. Cette forme de schizo-phrénie ne prospère qu'avec le règne de l'interdit de parole. Elle se dissipe dans le dialogue et par la patiente persuasion.

Hind oppose à Psyco M. le rappeur qui vit à La Goulette, Mos Anif. Celui-ci défendra une position libérale, celle d'un démocrate : « Que chacun fasse ce qu'il veut, que se dénude celle qui désire porter une minijupe et que se couvre celle qui fantasme la burqa, mais qu'aucun ne cherche à m'imposer ma conduite. » Telle devrait être la règle dans la Tunisie de ses rêves.

Une Tunisie débarrassée à jamais des portraits présidentiels selon les vœux chantés par Nizar Labidi, un autre rappeur que j'ai débusqué un soir sur l'écran télévisuel, s'amusant en discutant sans entraves avec trois de ses pairs sur un mode gogue-nard et bon enfant.

Contre le fléau de la réislamisation, il faudra réorienter ceux qui ont besoin de croire vers le pié-tisme qui sollicite le for intérieur. Et il faudra initier tout un chacun au libre choix qui devrait détermi-ner sa manière d'être afin de disposer de son corps comme il l'entend. C'est cette diversité que nous avons tous à apprendre ou à réapprendre dans la logique élémentaire de l'*habeas corpus* et de la liberté de conscience.

28.

Mesurer la menace islamiste

En cette même matinée, j'ai découvert l'émergence de l'islamisme politique. J'ai glissé de cercle en cercle pour suivre des discussions âpres et spontanées. Toutes les expressions du spectre politique ont leur porte-voix. Chacun défend son point de vue parfois avec véhémence. La tendance laïque et séculière domine. Mais dans chaque cercle, il se trouve quelqu'un qui défend la perspective d'un islamisme prêt à se transformer en « démocratie islamique ».

Chaque fois, j'entends un discours adapté à la même grille. La substance autour du référent religieux est exposée. Elle effarouche le public. Alors celui qui l'émet précise qu'il est démocrate, qu'il accepte de discuter des opinions contraires à la sienne ; il dit même qu'il est prêt à entendre la voix du marxiste, sinon celle de l'athée. À cet instant, je découvre que l'islam politique est une force organisée, qu'il envoie ses militants en éclaireurs, munis d'un discours circonstancié.

Apparemment, le parti islamiste Nahd'a est la seule force organique qui s'exprime sur l'agora selon une stratégie préalablement élaborée. Dans leur projet de conquérir le pouvoir, ils en sont à l'étape annonçant leur adhésion aux principes démocratiques.

Les autres points de vue émanent spontanément d'individus n'engageant que leur personne. Même s'il s'agit de militants organiques, les groupuscules auxquels ils appartiennent ne donnent pas l'impression de disposer d'une stratégie aussi claire, aussi méthodique dans sa mise en œuvre.

Nous sommes confrontés à cette réalité. Ceux qui sont dans la passion et dans la technique du militantisme politique, ce sont les islamistes. La jeunesse populaire qui est à l'origine de la révolution est infrapolitique. Celle des classes moyennes qui s'est ralliée via Internet est postpolitique ; elle est semblable aux jeunesses européennes et occidentales ; elle partage leur défiance du politique sans qu'elle en ait goûté la saveur.

Elle participe au politique par des moyens autres. Elle pense pouvoir influer sur le cours des événements en agissant à partir des sites libérés de la société civile. Tel est l'état des lieux dans cette allée vers la démocratie.

Il nous reste à nous demander s'il faut croire les islamistes lorsqu'ils se présentent en démocrates. Faut-il prendre au mot leur chef, Rached Ghannouchi, lorsqu'il affirme qu'il a évolué, que son modèle est l'AKP turc ? Une même personne peut-elle faire sa mue et passer de la phase islamiste représentée par Necmettin Erbakan à la séquence de démocratie islamique incarnée par Recep Tayyip Erdogan ? Et cette référence au modèle turc est-elle en soi convaincante ? En Turquie même, ce modèle a-t-il fait ses preuves ?

Il lui manque la preuve ultime pour que nous lui accordions une crédibilité. Cette preuve est celle de l'alternance démocratique. L'AKP est parvenu au pouvoir par la voie des urnes. Depuis lors, les élections se succèdent et sa progression électorale augmente dans des proportions à peine tolérables en démocratie. Nous attendons que l'AKP soit renvoyé à sa maison après quelque décompte de voix défavorables dans une compétition électorale future. Si, après cette supposée défaite, il se soumettait au verdict des urnes et acceptait de se retirer, alors nous croirions à sa métamorphose. Alors, et alors seulement, nous envisagerions la possibilité d'une démocratie islamique. Qu'on nous entende bien : notre vigilance n'engage pas un procès d'intention. Nous attendons que l'alternance à laquelle s'est déjà plié l'AKP lors de scrutins locaux se confirme à l'échelle d'élections nationales.

Erdogan, en tant que Premier ministre, semble vouloir inverser la priorité entre les deux principes qui gouvernent l'État. Avec Mustapha Kemal et sa descendance laïque, la refondation et la pérennité de l'État ont été accomplies au nom de la République, au détriment de la démocratie. C'est ce qui explique la modernisation autoritaire, imposée par le haut, qui a forclos le référent religieux et du politique et du juridique et du militaire.

Telle action a été conduite au nom de l'État-nation qui a enterré le respect de la diversité héritée de l'empire. C'est ainsi que la société a asséché la pluralité qui la constitue : bien des chrétiens et des juifs ne trouvaient plus leurs marques ; et ne pouvaient être reconnus ni le génocide des Arméniens ni le particularisme kurde. Ce sont les intégristes de la laïcité, animés par le primat de la République, qui sont devenus les gardiens de la Constitution. Leur modèle était le système français qui, lui aussi, est construit sur le primat de la République.

Erdogan, lui, voudrait s'inspirer du modèle américain et mettre en premier la démocratie, qui serait la garante de la diversité. Dans sa défense et illustration du port du voile dans l'espace universitaire, il met le modèle américain en concurrence avec le modèle français.

Là aussi, pour le croire, il faudra qu'il aille jusqu'au bout de la logique enclenchée. Nous croirons à son authenticité le jour où il reconnaîtra sans réserve et le génocide arménien et l'identité kurde, dans ses particularismes anthropologique, linguistique, ethnique. Erdogan est sur le bon chemin mais il n'est pas encore parvenu à la destination souhaitée.

Que ceux qui se réclament de lui sachent qu'ils invoquent une expérience inachevée. Une telle référence reste à nos yeux insuffisante en sa nécessité même.

29.

L'épreuve démocratïque

Rached Ghannouchi est revenu au pays le 30 janvier 2011 après plus de vingt ans de bannissement. Il a été accueilli par quelques milliers de ses partisans sortis de l'ombre après la fin de la dictature. Des opposants à Ghannouchi étaient aussi présents à son arrivée à l'aéroport. Une belle image a circulé sur Facebook montrant une contre-manifestante : elle offre à l'œil une jeune fille coiffée à la garçonne, en jean et tee-shirt, levant une pancarte sur laquelle il est écrit : « Ma Tunisie est laïque. » Elle exprime une opinion largement répandue dans la société civile qui se manifeste sur une autre pancarte portée par une autre femme BCBG : « Oui à l'islam, non à l'islamisme. » On mesure l'ampleur de ce ralliement anti-islamiste en décomptant les dizaines de milliers d'internautes qui se rassemblent dans Facebook sous la rubrique : « Ghannouchi, dégage ! »

Nous avons à apprécier cette menace islamiste afin d'élaborer la stratégie de son cantonnement. C'est cette menace qui a agi pour enfermer dans leur silence les intellectuels français habituellement prompts à défendre toute atteinte à la liberté et à se rallier à tout affranchissement des servitudes. Et cette fois ils ont été comme abasourdis au point de disparaître de la scène publique.

Nous pensons que le monde a changé, que nous entrons dans une autre phase. Lorsque l'intégrisme était radical, meurtrier, funeste, nous étions, nous laïcs, tout aussi radicaux. C'est ce qui nous a conduits à soutenir ou à laisser faire les dictatures.

Nous avions en outre déconstruit leur idéologie totalitaire dans nos livres. Nous avons affronté leurs inspirateurs et les experts qui se sont alliés à eux dans des joutes radiophoniques, télévisuelles ou académiques. Nous ne nous sommes pas soumis à leur hégémonie. Et c'est notre résistance qui les a amenés à plus de modération.

Le tout est de savoir si leur demande démocratique est une conviction ou un alibi, un principe ou un subterfuge. Dans leur mue déclarée sont-ils sincères ou opportunistes ? Seul l'avenir nous le dira.

À propos de la solidarité des politologues avec les islamistes, Amina me rappelle une discussion véhémente où, sur une terrasse suspendue à Carthage, l'été 1989, nous nous sommes confrontés à Bruno Étienne qui soutenait que le passage par l'islamisme dans toute la région était inéluctable. « Je vous aurai prévenus », disait-il, péremptoire. « Ils ne passeront pas, répondions-nous, nous sommes nombreux à les refuser, ils passeraient alors sur nos corps. »

Nous venions de maisons qui étaient des ruches coraniques et la tradition islamique qui nous a nourris ne peut être compatible avec l'idéologie totalitaire proposée par l'islamisme

La chronique nous montre que les islamistes, non seulement ne sont pas passés, mais la révolution présente qui est en train de métamorphoser l'histoire s'est faite sans eux et hors de leurs idées et références.

Bruno Étienne a produit deux générations de chercheurs qui ont fait quelques pas de plus que leur maître. Ainsi ont-ils légitimé par la « science » une mouvance qui a transformé une tradition religieuse en idéologie totalitaire, instrument de mobilisation dans une stratégie de conquête politique. Je suis curieux de savoir quelles lunettes ils chaussent aujourd'hui pour saisir les événements du présent.

Pour l'instant, la vigilance exige de nous un éveil constant. Nous avons à décortiquer la parole des islamistes et à les juger sur leurs actes.

Lorsque Rached Ghannouchi dit publiquement que Bourguiba est *kâfir*, mécréant, il exprime une opinion qui sous-entend le *takfir*, l'excommunication qui, selon leur loi, entraîne la condamnation à mort. Voilà une parole qu'il faut dénoncer : elle ne peut se conformer à un comportement démocratique ni à une imitation du modèle turc.

Rached Ghannouchi serait-il prêt à déposer une

couronne de fleurs sur le mausolée de Bourguiba ? Même Erdogan s'est conformé au rituel qui célèbre chaque année la mémoire de Mustapha Kemal.

Malgré la responsabilité de Bourguiba dans la perpétuité de la tyrannie et de la dictature (que nous avons dénoncée plus haut), nous estimons que nous devrions instituer le rite qui célèbre le grand homme. C'est lui qui nous a initiés à la modernité et nous a apporté les bienfaits d'un statut personnel inspiré du droit positif, en phase avec l'évolution des mœurs, loin de l'archaïsme de la sharia.

On ne peut pas exprimer son acceptation du statut personnel, le considérer comme un acquis indiscutable et renvoyer son inspirateur au statut de *kâfir*, comme le fait Ghannouchi. Dans la logique non seulement intégriste mais simplement littéraliste, est mécréant celui qui sort des limites de la sharia. Et le statut personnel du droit tunisien est conçu hors la clôture de la loi divine. Il importe de révéler de telles contradictions et d'exiger de leur auteur une réponse. Je tire là l'un des fils par lesquels nous amorçons le débat démocratique.

Les islamistes devraient s'engager explicitement contre la théorie de la *Hakamiyya*, celle qu'ont élaborée Sayyid Qutb et Mawdûdi d'après une lecture abusive d'un verset coranique (*al-hukmu li'l-Lâh*, « le jugement est à Dieu », II, 256) à partir duquel ils attribuent le pouvoir à Dieu, faisant de la politique et du droit des questions divines, elles qui sont affaires humaines.

De telles palinodies, de tels renoncements seront une des conditions à leur participation sincère à la démocratie, laquelle agit dans la sphère anthropologique, hors le référent théologique.

Il faudra aussi rappeler aux islamistes que la chute de la dictature qui a favorisé leur retour est due à un suicide sacrificiel qui ne se conforme pas à la loi islamique. Il est même un signe de la sécularisation des sociétés. Sa multiplication dans les pays arabes n'a pas seulement affolé l'establishment politique mais aussi les prédicateurs, gardiens de l'orthopraxie, dont les prêches et les commandements sont restés lettres mortes.

Ce mouvement révolutionnaire reste irrécupérable par l'islamisme. Il a été mû par le désir de liberté, de dignité, de justice en tant qu'éléments appartenant au droit naturel.

C'est un mouvement sans idéologie, sans leader, qui, par Internet, est peut-être en train de métamorphoser la politique et l'histoire. Aussi paraît-il imprenable. Il ne peut surtout pas l'être par la République islamique d'Iran comme a tenté de le faire l'ayatollah Khamenei.

Celui-ci, à la veille du 11 février, a adressé ses félicitations aux peuples d'Égypte et de Tunisie dans un arabe classique parfait. Il ne vous reste, dit-il, qu'à fonder des républiques islamiques. Ce que Khamenei feint d'ignorer, c'est que les mouvements tunisien et égyptien se situent d'évidence du côté de ceux qui se sont insurgés en Iran contre le système dictatorial et totalitaire de la *weleyat al-faqîh*, ce « gouvernement de clercs » que la société civile récuse en recourant au droit naturel et à la médiation via Internet.

Le processus est de même nature : il a simplement réussi en Tunisie le 14 janvier 2011, en Égypte le 11 février, là où il a échoué en Iran après le 9 juin 2009.

La révolution tunisienne est un mouvement droit que ne peut revendiquer un système aussi tordu que la révolution islamique. Comme le dit le poète Ibn Hindû natif de Rayy (près de Téhéran) et mort en 1019 :

> « *Comment redresser l'ombre*
> *Si la branche est tordue ?* »

30.

Multiple pays

Jeudi 3 février, j'apprends tôt le matin la disparition d'Édouard Glissant, l'ami, le proche, avec qui j'ai tant échangé ces dernières années. L'ultime fois, je l'ai vu le soir du 2 novembre 2010 au théâtre de l'Odéon à Paris après la séance de lecture autour de son anthologie poétique du Tout-monde. Comme j'aurais aimé partager avec lui la joie que me procurent les événements de Tunis! D'autant que la révolution tunisienne illustre la question du décentrement que chacun de nous met en œuvre à sa manière.

Antoine Raybaud que j'ai connu en 1983 m'a le premier parlé d'Édouard. Antoine était alors universitaire à Aix-en-Provence, il n'avait pas encore succédé à Jean Starobinski à l'université de Genève. Il venait de découvrir *Talismano* et m'a parlé de la proximité du roman avec les écrits d'Édouard.

L'un et l'autre avons toujours méprisé la manière avec laquelle les métropolitains renvoient dans les marges ce qui leur vient d'ailleurs dans la langue que nous partageons. La parole écrite des Antilles ou du Maghreb n'est pas périphérique par rapport à un centre français. Toute périphérie est un centre à partir duquel notre regard se projette à l'horizon du monde.

Et ce décentrement est le produit de la traversée, de l'entre-deux, de l'interstitiel, du mélange, de la croisée, de l'hybridation. Une telle démarche ne se rive pas à une identité unidimensionnelle et close. Elle se vit dans le suspens d'une identité différée, sans cesse négociée, instable, accueillante, en glissement progressif, dans le change perpétuel, erratique.

Aussi chacun de nous s'est-il détaché du culte communautaire et a-t-il critiqué ses propres identitaires. De *La Maladie de l'islam* (2002) au *Pari de civilisation* (2009), mon polyptyque critique sur l'islamisme s'inscrit dans cette perspective.

Me reviennent les lieux où nous nous sommes retrouvés entre Strasbourg, Berlin, Paris, New York, Tanger, Séville, Jerez, le Diamant et ailleurs en Martinique. Je conserve vif le souvenir des jours passés ensemble à Carthage lors d'un colloque international consacré à son œuvre au printemps 2004.

Ce séjour, cette visite ont-ils été annonciateurs des événements que nous vivons ici même à l'aune des concepts partagés ?

Il se trouve que le même jour je rencontre le soir chez Hamadi et Moufida Bensilhem, impasse du

Saint, dans la zone méridionale de la médina, près de la porte Neuve, Abdelhamid Larguèche, historien du patrimoine ethnologique à l'université de Tunis qui avait reçu Édouard Glissant en mai 2009 à l'occasion d'une rencontre sur l'esclavage tenue dans l'oasis du Djerid, Tozeur.

Dans son laboratoire de recherche Histoire et mémoire, Larguèche se préoccupe des composantes noire, juive, berbère. C'est une question négligée et dont le contentieux n'est pas inscrit dans les consciences. À Tozeur même, il a sollicité la participation d'un intellectuel natif du lieu qui se trouvait sur place au moment de la rencontre. Cet homme aveugle à lui-même, incapable de regarder en face le mal commis par les siens, lui a répondu : « Vous avez fait de nous un objet de scandale chez les juifs, et maintenant vous nous accusez devant le tribunal des Noirs ! »

Propos qui confessent le refus de l'introspection et du regard critique qu'on projette sur la mémoire de la communauté à laquelle on appartient. À cette occasion et faisant fi de ces frilosités, a été menée sans fard la dénonciation de l'esclavage en terre d'islam, spécialement en Tunisie, dont la traite subsaharienne, jamais pensée comme telle, léguera une minorité qui forme près de dix pour cent de la population, minorité particulièrement présente en milieu oasien.

De cette réunion sortira *La Déclaration de Tozeur* qui m'a été envoyée le lendemain par Maha

Abdelhamid, belle Noire de Gabès, étudiante de Larguèche présente chez Hamadi et Moufida, avec d'autres jeunes que Hind a fréquentés, Sofiane, Aïcha, Sami, tous protagonistes de la révolution. En voici le contenu :

« Nous, réunis sur le continent africain au colloque de Tozeur (1er-3 mai 2009) autour d'un thème longuement mis à l'ombre dans l'histoire du monde arabe, l'esclavage des Noirs, dans un pays, la Tunisie, qui s'est préoccupée dès le milieu du XIXe siècle de la question pour aboutir à son abolition en 1846, et en résonance avec notre revendication persistante avant et depuis la déclaration de 1998 sur les non-dits de nos histoires et ratifiée par l'ONU, nous réclamons à notre tour :

– de condamner comme une ignominie cet épisode dramatique de notre histoire, dont les plaies et blessures ne sont pas encore définitivement guéries ;

– que cette trace reconnue et acceptée soit présente dans notre mémoire, dans nos livres d'histoire, portée dans la conscience de notre jeunesse pour une meilleure pensée du monde fondée sur les mémoires délivrées qui se conjuguent et se partagent ;

– que la construction de notre identité s'affirme en revenant aux sources de notre diversité inscrite aussi dans les souffrances de l'homme noir d'où sont sortis arts, métissages et liberté. »

Ce texte est conjointement signé par Édouard Glissant et deux historiens, le Franco-Tunisien Salah Trabelsi et l'organisateur du colloque Abdelhamid Larguèche.

Ce dernier m'apprend que Salah Trabelsi est un Noir tunisien qui a subi un traumatisme quand, élève, son professeur a exigé qu'il lise pour la classe un poème célèbre pour son racisme. Son auteur, Mutanabbi, un des grands classiques arabes, fustige dans une satire le prince noir Kâfûr qui régnait sur l'Égypte au Xe siècle ; Mutanabbi se venge par ce poème de ce prince qui n'avait pas été généreux à son égard lorsqu'il avait composé un panégyrique à sa gloire. L'enfant Trabelsi déclame le fameux hémistiche sans contenir ses sanglots : « *N'achète point d'esclave sans le bâton avec !* »

Rentré à la maison, son père lui dit : « Telle est notre condition. Dès que tu pourras, va ailleurs. » D'où l'expatriation en France qui a fait de Salah Trabelsi un universitaire menant des recherches historiques sur l'esclavage à l'université de Lyon.

Ce type d'initiative aura plus d'efficience, nous l'espérons, dans la nouvelle conjoncture que la révolution favorise. Il nous faudra peut-être épurer aussi le contentieux que colporte la question berbère qui reste impensée. Et surtout la question juive qui est empoisonnée par la surdétermination que lui apporte l'injustice faite aux Palestiniens exacerbée par l'irrédentisme israélien.

Abdelhamid Larguèche me confirme que l'information diffusée la veille à propos de l'incendie de la synagogue de Hama, à côté de Gabès, s'est révélée fausse. Ce n'est qu'une rumeur, lui dira un des représentants de la communauté, un autre qui porte le nom de Trabelsi (qui veut dire « Tripolitain » et qui est partagé par toutes les communautés et toutes les conditions). Nom entaché sinon souillé par l'incivisme et la corruption des membres de la famille Trabelsi alliée par Leïla à Ben Ali. Par ces temps de destitution et de révolution, chaque personne qui le porte doit se sentir le dernier des Trabelsi.

Une semaine plus tard, le spectre de l'antisémitisme a projeté son ombre. Quelques extrémistes fanatiques se sont rassemblés pendant une dizaine de minutes devant la grande synagogue de Tunis pour répéter en chœur des slogans hostiles aux juifs. Ils ont été blâmés et fermement dispersés par la foule des passants. Roger Bismuth, le chef de la communauté, a minimisé l'incident qui a été fermement condamné et par le Premier ministre et par le ministre de l'Intérieur. Ce dernier a fustigé l'incitation « à la violence, au racisme et à la ségrégation » ainsi que « l'atteinte aux valeurs du régime républicain fondé sur le respect des libertés et des croyances »… Cette réaction saine rappelle que la liberté de culte est un droit civique.

Quelques jours après, l'intolérance et le fanatisme sont apparus avec l'égorgement d'un prêtre polonais de trente-quatre ans, Marc Marius Rubinsky.

Cet assassinat a eu pour théâtre une école religieuse à la Manouba, banlieue ouest gagnée sur la Huerta.

Il est quasi contemporain d'une descente d'islamistes, dans la médina, contre le quartier réservé. Cette agression, contrée par la population, montre que vivent parmi nous ceux qui partagent l'idéologie purificatrice des Talibans. Les tenants de l'ordre moral islamiste sont présents dans la cité.

Ces divers incidents signalent que la sensibilité islamiste radicale, pour archiminoritaire qu'elle soit, existe néanmoins. Avec le groupuscule Tahrîr, le mauvais air qui a corrompu Tibhirine exhale à Tunis. La sensibilité d'al-Qaida, entre GIA et AQMI, instille son poison dans la cité.

Face à un tel crime, la révulsion a été universelle. Les communiqués officiels ont rappelé « le principe de la convivance et de la liberté religieuse qui concerne aussi bien la croyance que la pratique cultuelle. De telles intolérances abîment l'image d'un pays qui croit au respect de l'autre et au droit à la différence ».

En Tunisie, résident vingt mille chrétiens de multiples obédiences. Ils constituent pour la forte majorité musulmane une des matières de l'épreuve de l'étranger où se teste la xénophobie ou la philoxénie du citoyen. Le droit doit avoir le dernier mot pour neutraliser les fanatiques qui, en insultant ou en tuant, commettent un délit engageant la procédure pénale.

Je considère ces incidents comme des symptômes du rejet de l'autre et de la haine de l'étranger. Attardons-nous sur le mal antisémite qui a crû ces derniers temps dans les consciences. Les juifs étaient quatre-vingt mille quand, en 1956, année de l'Indépendance, la population globale s'élevait à quatre millions. Ils ne sont plus que deux mille dans un pays qui compte dix millions d'habitants. La proportion s'est réduite de cinq pour cent à cinq pour dix mille. Avec l'absence du juif réel, l'antisémitisme se nourrit du fantasme qui fabrique un juif imaginaire.

Au-delà des violences antipalestiniennes d'Israël, le traitement public et explicite de l'antisémitisme sera une des tâches qui nous attend. Elle sera peut-être mise en œuvre dans un premier temps par le laboratoire que dirige Abdelhamid Larguèche. Cela pourrait être entrepris dans l'esprit qui a animé la rencontre de Tozeur autour de la question noire induite par la pratique historique de l'esclavage. Cet examen de conscience s'impose pour reconstruire l'entité nationale en intégrant les composantes historiques qui ont contribué à son enrichissement. La diversité est une vertu nécessaire pour la bonne santé d'une cité.

Abdelhamid m'informe du travail qu'il mène avec son équipe sur le patrimoine juif. Lui et les chercheurs attachés à son laboratoire procèdent au relevé des stèles dans le cimetière juif de Borgel qui était il y a cinquante ans hors la ville et qui se trouve aujourd'hui en pleine zone urbaine. En même temps ils l'entretiennent, le nettoient, en désherbent les allées et les rebords des tombes.

Il y a quelques mois, ils reçoivent ordre du chef de la communauté de n'y plus pénétrer. Et aujourd'hui, en ces temps de révélation, ils en apprennent la raison : deux notables de la région PACA, juifs d'origine tunisienne, se sont acoquinés avec la famille de l'ex-présidente pour ne préserver du cimetière que le carré des rabbins, dévouant le reste (une superficie de plusieurs hectares) à la spéculation immobilière. Ces agioteurs étaient décidés à dévorer le patrimoine juif après avoir mangé un bout du parc archéologique de Carthage qu'ils ont converti en une cité pavillonnaire de luxe.

Abdelhamid est aussi un des initiateurs de l'Appel des intellectuels de Tunisie daté du 17 janvier. Il en est un des premiers cosignataires avec Hamadi Redissi, Jalila Baccar, Yadh Ben Achour, Abdelmajid Charfi, Fadhel Jaïbi, Dalenda Larguèche et quelques autres.

Un tel texte fait le lien dialectique entre ceux qui ont produit l'événement, la jeunesse populaire sur le terrain relayée par les jeunes de la classe moyenne via le Web, et l'élite qui inscrit dans la longue durée le projet de modernisation.

Certaines des étapes de ce processus réformateur nous font remonter jusqu'au chroniqueur

husseinite Ibn Abî Dhiyâf (1802-1873), jusqu'au
ministre Kheireddine (1823-1890). L'un et l'autre
ont contribué à la rédaction de la première Constitution dont s'est doté le pays (1861).

Une autre étape revient à l'esprit, celle de l'entre-
deux-guerres, sous le Protectorat, avec le syndica-
liste Mohamed Ali Hammi, le poète Abou Qacem
Chabbi, l'essayiste Tahar Haddad. Ces trois figures
ont été ranimées par le film de fiction réalisé par
Fadhel Jaziri voilà juste un an et demi (*Thalâthûn*),
avec une puissance actualisante situant le drame
dans la problématique de la pensée libre qui se
heurte au conservatisme du pouvoir établi et au
sens commun social, conduisant l'artiste et l'intellectuel à l'esseulement, au retrait, au suicide.

Ces trois personnalités se sont emparées des
vraies questions qui nous chargent et nous accablent
encore aujourd'hui ; de leur résolution dépendra la
réussite de la révolution : il s'agit de la question
sociale et du partage des richesses ; de la question
des femmes et du parachèvement de leur affranchissement ; de la question de l'audace critique qui,
lorsqu'elle s'absente des arts et lettres, assèche la
création.

Abou Qacem Chabbi a écrit un distique introduit dans l'hymne national et qui dit à sa manière
la leçon de La Boétie et l'antidote qu'elle propose
pour se libérer de la servitude, condition de la
tyrannie :

« *Si le peuple veut un jour vivre*
Il faudra que le destin réponde.

Il faudra que l'injustice se dissipe
Et il faudra que le joug se brise. »

De telles paroles sont aujourd'hui chuchotées à la télévision par une voix féminine au rythme d'une berceuse qui les exile loin de la virilité belliqueuse et qui en révèle l'infinie tendresse.

31.

À Sidi Bouzid

Dimanche 6 février, nous quittons Tunis très
tôt à l'aurore. Nous nous dirigeons en compagnie
de Fadhel Jaziri et de Hamadi Redessi vers Sidi
Bouzid, précédant de quelques heures la « caravane du remerciement » qui sortira plus tard de la
capitale pour la même destination.

Le jour se révèle et nous découvrons une nature
épanouie sur l'autoroute du sud qui longe les vergers et le vignoble de Mornag puis de Grombalia.
Le long des heures d'une journée resplendissante,
nous dégustons les nuances qui chatoient entre le
bleu et le vert. C'est la palette de la Méditerranée
qui s'exalte encore plus dans les profondeurs conti-
nentales prolongeant le rivage africain. Ces nuances
jamais ne disparaissent. Même en plein midi, elles
s'atténuent sans se dissiper en prenant refuge dans
les lointains.

Paul Klee les a chantées dans son journal et dans
sa peinture pendant son voyage en Tunisie en 1914
qui l'a conduit à Tunis, en une de ses banlieues sud

qui s'appelait alors Saint-Germain, à Hammamet, à Kairouan. Partout il a rencontré ces teintes qui séduisent l'œil entre saturation et pénurie et qui se fixent en une pointe turquoise sur les *mélias*, les tuniques que portaient les Bédouines.

Le peintre de Suisse alémanique les a aussi vues sur les kilims qui viennent des steppes vers lesquelles nous allons. Cette tradition artisanale se continue tant bien que mal à Sidi Bouzid, de plus récente fondation et qui n'existait pas lorsque Klee était en visite dans le pays.

Eugène Delacroix a rencontré ces mêmes nuances lors de son séjour à Tanger et dans ses environs l'hiver et le printemps de l'an 1832. En les captant dans la nature et surtout sur les ondes marines, il les a comparées à un plateau de figues aux tons bleus et verts allant en dégradé vers le violet.

Ce bout du spectre a été dévoyé par le mauvais goût de Ben Ali qui l'a assimilé à un mauve vulgaire. Désagréable à l'œil, il a été imposé pour parer les lampadaires, les parapets des ponts et autres panneaux lumineux et fonds publicitaires. À travers l'universalisation du mauve dans l'espace public et sur le mobilier urbain, nous reconnaissions la corde qui attache les millions à la figure du tyran.

Après avoir frôlé Kairouan et l'extension de ses nouvelles banlieues de misère, nous traversons une vaste forêt d'oliviers assez jeunes plantés sur un mode extensif. Nous empruntons une piste qui nous éloigne de la route et nous enfonce dans l'oliveraie. Nous nous arrêtons pour une pause café et nous dégourdir les jambes en marchant sur la terre sablonneuse encore mouillée par la rosée.

Au retour, à quelque vingt kilomètres de Sidi Bouzid, nous procéderons à une autre halte pour pique-niquer et apprécier un déjeuner à l'ombre des oliviers ; c'est comme si on s'était abandonné à une sieste sous une tente bédouine à l'heure où le soleil est à mi-course entre zénith et nadir.

On quitte la direction du sud vers Gafsa et on bifurque en ouest vers Sfax. À Lessouda, on se réoriente vers le sud et nous voici à Sidi Bouzid, d'où tout est parti. On laisse la voiture à l'entrée de la ville, près d'une station d'essence.

À mesure que nous avançons sur l'avenue principale, la foule gagne en opacité. La mobilisation n'a pas faibli. Plusieurs personnes reconnaissent Fadhel. Certains nous saluent. « Nous sommes fiers que l'élite vienne à nous », disent-ils sobrement. Fadhel leur rappelle qu'un de ses premiers spectacles a été inspiré par l'épopée hilalienne que j'ai évoquée au début de ce livre et qui appartient au patrimoine du lieu.

C'était dans les années 1970, à l'époque où quelques jeunes rentrés d'Europe après leurs études décident de créer une troupe de théâtre, de se décentrer vers Gafsa et de rayonner dans le pays à partir de ce centre minier qui se trouve à quelque cent kilomètres au sud de Sidi Bouzid.

Ce décentrement va constituer une rupture non seulement dans le théâtre mais aussi dans la culture. Un esprit de résistance naîtra à ce moment et ne cessera d'imposer un espace de liberté au sein de la dictature.

Il convient de saluer ces créateurs qui ont sauvé notre honneur et qui, dans le voisinage de Fadhel Jaziri, ont pour nom Jalila Baccar, Fadhel Jaïbi ou encore Raja Ben Ammar.

À travers leurs œuvres, le vulgaire gagnera sa dignité et son éloquence : ils ont écrit leurs textes en un arabe dialectal informé des expériences littéraires du monde. Dans le vulgaire de Tunisie toutes les langues du monde s'invitent, comme il arrive à chaque œuvre qui procède du déplacement, du décentrement et de la poétique de la traversée.

La ville porte les stigmates de la révolte. Les voitures calcinées témoignent du dernier incendie qui a attenté à la vie du témoin à charge contre le RCD.

En plein centre, face au siège du gouvernorat, protégé par des soldats débonnaires, la foule est dense. C'est plus un rassemblement de badauds que de manifestants excités. Les graffitis révolutionnaires couvrent les façades. Devant moi, une inscription toute fraîche vient de parer le mur par le moyen d'un atomiseur : « Bienvenue à la caravane du remerciement dans la ville de la révolution, de la liberté et de la dignité. »

Les Bouzidis se préparent à accueillir les Tunisois. Ceux-ci déferleront en masse juste après midi :

quelque dix mille personnes des classes moyennes et supérieures sont venues en famille, dans la mêlée des générations, pour fraterniser avec les Bouzidis dans un carnaval faste et solidaire. Les Tunisois sont venus dire merci aux gens d'ici pour le don qu'ils ont offert au pays, au monde arabe, aux territoires d'islam, à l'Afrique.

Devant l'architecture lamentable du gouvernerat et des autres monuments administratifs, je pense aux discussions avec Ali Mezghani pour qui la crise du droit et de l'État commence par cette médiocrité architecturale qui constitue une négligence coupable. Le sens de l'État doit être attentif à la forme qui l'incarne. C'est par elle que sont signifiées sa pérennité et sa transcendance.

La misère architecturale est généralisée, elle n'épargne pas l'espace sacré. La grande mosquée, de l'autre côté de la rue, n'est pas mieux bâtie. Disgrâce et non-sens en troublent la vue.

Le *meddâh*, récitant qui perpétue la tradition orale, s'égosille et le cercle autour de lui répète en chœur chaque vers improvisé. Il puise dans une matière nouvelle offerte par la nouvelle courtoisie révolutionnaire.

Faut-il lui dire qu'à matière nouvelle, nouvelle manière ? De Sidi Bouzid, cette révolution engendrera-t-elle son Maïakovski ? Ici, la nuit, on allume les étoiles. Mais où est le pouvoir des mots ? où le tocsin des mots ? où la beauté qui sauvera le monde ?

La pauvreté des gens n'ôte pas une once à leur dignité. Un passant s'arrête à ma hauteur et me dit : « Regarde comment sont les choses ; tu diras ce que tu auras vu ; nous manquons de tout ; nous sommes les oubliés du pays. »

Nous avons omis de rappeler qu'il y a une autre condition pour que cette révolution réussisse et reste dans la logique séculière qui a été jusqu'à maintenant la sienne. À côté de l'indépendance de la justice et de la liberté d'expression s'ajoute la résolution de la question sociale exigeant un partage plus équitable de la richesse entre les gens et les régions.

La dignité doit disposer des moyens matériels qui assurent son maintien. Les libéraux devraient s'en préoccuper et ne pas laisser ce champ vacant à l'action des islamistes pour qui l'aide sociale est un vecteur de recrutement militant, de propagation de foi et d'influence idéologique.

Dans ce domaine nous attendons l'aide des amis de la démocratie parmi les Européens et les Américains. Ne perdons pas de vue que sans cette aide extérieure, jamais la démocratie ne se serait stabilisée ni en Espagne, ni au Portugal, ni en Grèce, ni encore dans les pays de l'Est européen. Cette aide sera nécessaire d'autant plus qu'avec le nouveau goût de la liberté, la revendication sociale sera active. Avec la dignité retrouvée, les conditions de travail et salariales injustes ne seront plus acceptées.

Et pour satisfaire ces revendications qui partout

s'expriment par la grève et l'occupation des locaux de travail, il faut des moyens supplémentaires qui manqueront à des budgets même repensés et redéployés.

32.

Sur la tombe
de Mohamed Bouazizi

Nous émettons le souhait de visiter la tombe de Mohamed Bouazizi. Il a été enterré à quelque vingt kilomètres, chez les siens, dans sa tribu, les Horchane. Nous serons accompagnés par un jeune homme, Yacine Hajdaoui, ami du sacrifié, et par un Bouzidi de notre âge, Malek Sabbara.

Sur le chemin qui nous mène à la voiture, nos compagnons autochtones nous montrent une charrette à trois roues semblable à celle de Bouazizi, avec un plateau de deux mètres sur un mètre cinquante. Ils nous désignent la place qu'il occupait sur la grand-rue, à proximité de la mosquée. En ce pèlerinage, personne n'a cherché à identifier la station qui vit Bouazizi se transformer en torche vivante.

Parvenu sur la route nationale, juste après le carrefour dont une des voies bifurque vers Sidi Bouzid, nous tournons dans l'autre sens, direction nord, pour parvenir à un espace très légèrement vallonné, entre Djebel Lassouda et Djebel Sidi Khalif, élévations qui à leur cime dépassent à peine sept cents mètres. Là est le berceau des Horchane. Au fond de sa terre natale Mohamed Bouazizi est enterré dans le cimetière de Groo Bennour, un hameau de modestes masures disséminées en pleine campagne, sur la rive droite du Zéroud.

La tombe est cimentée de frais, elle n'est encore ni chaulée ni parée. Elle a la forme des autres tombes, de longs rectangles étroits, deux mètres vingt sur cinquante centimètres, émergeant d'à peine un empan hors de la terre. Tombes humbles qui donnent aux humains une taille de géants fili-formes. Celle de Bouazizi est à l'extrême bord, elle grignote un bout du chemin et élargit l'aire des morts. Au-dessus de nos têtes voltigent les pétales des amandiers en fleur.

À l'instar de tout Persan face au catafalque de Hafez à Chiraz, irrésistiblement ma main se tend pour s'immobiliser sur le corps de la tombe. J'en reçois le flux d'atomes qui s'éparpillent dans mes membres à l'écoute du large drapeau national dont le mât a été planté au pied du défunt. Le claque-ment de la bannière se convertit au froissement d'ailes que devinait Sohravardi à l'approche de l'ange Gabriel qui ne visitait pas seulement les pro-phètes mais aussi les inspirés de l'Esprit.

Sur le site, je comprends la protestation de Salah Horchani lorsque, sur le Web, est né le débat à propos de la « révolution du jasmin ». Professeur à l'université de Tunis, revendiquant le partage de l'origine avec Bouazizi, notre collègue s'insurge contre un internaute qui réfute l'appellation parce que autour de Sidi Bouzid ne pousse que l'alfa.

Nous avons vu de nos yeux que vergers et jardins ne manquent pas dans les parages. Si le jasmin n'y pousse pas, faisons-le pousser. Créons une unité expérimentale qui recenserait toutes les variétés de jasmin pour que leur échantillon éclose en quelque futur jardin des simples ou d'essai !

Il est vrai que lorsque j'avais utilisé la première fois « Révolution du jasmin » (dans l'article du *Monde* daté du 18 janvier), je l'ai fait avec une innocence impardonnable pour un écrivain qui a le devoir de soupeser ses mots, de se méfier des expressions figées, de suspecter cette part qui vient de la langue mais qui n'appartient pas à son langage.

Le propre de l'écriture est d'être fidèle à l'idiolecte. Cette vigilance entretient votre singularité et vous engage à bâtir votre demeure au sein de la langue. Se séparer de la langue de la tribu tout en restant audible : telle est la tâche. Nous avons à mesurer notre lien avec le stock figé de la langue soit pour en révéler l'existence, soit pour en dénoncer la carence, soit pour jouer avec, par rapt et détournement.

En un premier temps, j'ai été culpabilisé d'un tel usage, surtout après les critiques de certains internautes et leur refus de l'expression renvoyée à la publicité et à la vulgarité touristiques.

Je me souviens du scandale qu'a provoqué il y a

bien des années chez le poète algérien Malek Alloula une campagne publicitaire putassière en faveur des vacances en Tunisie. Une affiche a envahi le métro parisien. Elle met en scène la coupable séduction d'un garçon vêtu d'une djebba blanche, le chef couvert d'une chéchia pourpre, portant à l'oreille le bouquet qui rassemble des fleurs de jasmin accrochées aux tiges de brindilles de pin. Il s'avance dans un geste d'abandon vers ses chalands virtuels muni d'un plateau en osier où sont rangés des bouquets du même type, ceux que prisent l'été les vacanciers au bord du littoral.

C'est Ziyed El Hani qui revendique l'invention de l'expression. Il a rédigé un texte ainsi intitulé qui a été mis en ligne le 13 janvier sur son blog dit « le journaliste tunisien » qui était bloqué avant la levée de la censure.

Et à mon tour j'en revendique l'usage, en conscience. Je l'utilise pour désigner l'événement historique. Et pour magnifier cette fleur où elle s'épand et en promettre l'éclosion où elle manque. Je l'intègre dans mon lexique d'autant plus qu'elle a été refusée par les prédicateurs et autres prêcheurs orientaux. Ils y ont vu un signe profane qui éloigne de la religion. Ce qui est absurde. Dans la tradition spirituelle, l'expérience de Dieu est charnelle, elle passe par les sens. C'est ce que nous enseignent les maîtres soufis. La bonne senteur révèle le paradis, elle en est la métaphore.

L'expression s'est imposée par son usage

universel qui n'est pas seulement malin. Les événements de Tunis inquiètent toutes dictatures dans le monde. Aussi le mot « jasmin » est-il devenu subversif. N'a-t-il pas été intégré aux mots clés qui sont filtrés par la cyberpolice en Chine ? Planter ou exhiber, dans ce pays, un jasmin s'assimile à un acte de résistance non violente contre la dictature. Les dissidents l'ont élu signe de ralliement pour manifester pacifiquement leur défiance politique.

La révolution du jasmin aurait pu être choisie comme titre au présent ouvrage. Pourquoi abandonner le don du jasmin à ceux qui en ont dilapidé la vertu ? Une telle fleur a une pureté qu'aucune intention profanatrice n'entame.

Reste vif en moi le souvenir de mon grand-père, sortant l'été dans le jardin natal, à l'heure où la brise apaise la canicule, à l'approche du crépuscule. Il marchait vers la plante envahissant la clôture avec la légèreté d'un danseur, d'un pas précautionneux. C'est comme s'il disait pardon à la terre que la charge de ses pas offenserait.

Il cueillait les fleurs de jasmin, les choisissant une à une, encore fermées, lorsque leurs pétales clos se séparent de la teinte qui va du vert au violet pour épouser l'immaculée blancheur. C'est comme s'il parlait avec la plante qu'il délivrait de ses fleurs pour qu'elle respire mieux et que la sève circule plus vite en ses branches et qu'elle s'épanouisse en produisant davantage de fleurs.

Tel était l'entretien quotidien qu'il avait avec

l'arbre dont les fleurs cueillies étaient réparties sur les draps blancs de nos lits pour que, la nuit, elles s'ouvrent et répandent leur senteur jusqu'à l'ivresse.

La paix qui émanait de mon grand-père donnait confiance aux volatiles : des passereaux, des merles, des tourterelles s'approchaient de lui, se posaient parfois sur son épaule. C'est comme si la halte de saint François avec les oiseaux trouvait avec mon grand-père son actualisation islamique. De ce que saint Bonaventure dit de saint François, une iconographie est née. Et ce que j'admirais dans la peinture de Giotto, je le retrouvai dans le souvenir du jardin natal.

33.

Le décentrement

De Sidi Bouzid, tout est parti. Un processus révolutionnaire à l'échelle du monde arabe s'est enclenché à partir de ce lieu excentré.

Nous sommes dans un décentrement au carré, dans le décentrement du décentrement : la Tunisie elle-même est déjà doublement décentrée. Sur la verticale, elle est décentrée et par rapport à l'Europe méditerranéenne et par rapport à l'Afrique subsaharienne. Et sur son horizontale, elle est décentrée et par rapport au Maghreb et par rapport au Machrek. Elle est dans la tension de l'entre-deux : entre Afrique et Europe, entre Orient et Occident, entre Méditerranée et désert.

Cette vocation interstitielle se manifeste dans le legs architectural de la médina de Tunis qui constitue une hybridation de la tradition hispano-mauresque, du baroque méridional entre Andalousie et Sicile, le tout teinté d'ottomanisme.

Aussi tel espace a-t-il été accueillant pour la communauté morisque lorsqu'elle a été expulsée d'Espagne suite à l'édit royal de 1609. Sa présence a injecté dans la cité une dynamique civilisatrice créolisée qui prédispose au décentrement, au déplacement ainsi qu'à la poétique et à l'esthétique de la traversée.

Et le monde, de par l'instabilité qui le fait trembler, perd ses repères. Les anciens centres, ne parvenant pas à se défaire de leur centralité, ne voient plus le monde qui leur vient des nouveaux centres. Peut-être est-ce là qu'il faudra reconnaître la raison de la sidération qui a saisi les commentateurs de l'événement parti de Sidi Bouzid. Peut-être est-ce là la raison du silence des intellectuels qui n'ont pas eu le temps d'enregistrer un tel redéploiement.

Dans cette vision, toute périphérie s'adjuge le statut de centre, avons-nous dit. De la centralité tunisienne ainsi instituée en sa périphérie même s'invente la centralité de la périphérie au sein de la périphérie. Ainsi Sidi Bouzid découvre-t-il sa vocation référentielle avec son sacrifié Bouazizi.

Son geste sera plus de trente fois imité en Algérie, en Égypte, au Yémen et ailleurs. Après le 14 janvier, dans les pays arabes la blogosphère bouillonne. Dès le soir du vendredi 14 janvier, Amina m'annonce du Caire qu'une consigne a été donnée pour faire du 25 janvier un jour de protestation universelle en Égypte. Ce jour est chômé, c'est une fête nationale, dite de la police, au souvenir de sa révolte réprimée par les Britanniques à l'époque coloniale. Cette date a été perçue comme un faste intersigne par les jeunes du Web.

À partir du 25 janvier, l'Égypte est entrée en dissidence. Elle a entamé un processus analogique à celui de la révolution tunisienne. Et le mouvement qui s'est donné pour tâche le départ du dictateur est parvenu à ses fins le 11 février.

À partir du décentrement tunisien, nous retrouvons la centralité égyptienne dans ce processus révolutionnaire. Le décentrement recentré est resté fidèle à la mémoire de son avènement. Les manifestants cairotes ont subtilement détourné le mot d'ordre islamiste : « L'islam c'est la solution » (*al-islâm huwa al-hall*) devient : « La Tunisie c'est la solution » (*Tûnis hiya al-hall*). Un futé a fait bonne affaire en installant place Tahrir un stand où il débite des fanions tunisiens qui partent en masse. Et en Khalid Saïd, les Égyptiens ont reconnu leur Mohamed Bouazizi (*Khâlid Sa'îd Bou'azîzî Misr*, « Khalid Saïd est le Bouazizi d'Égypte »).

Khalid Saïd est ce jeune Alexandrin débusqué internaute dissident ; il a alors été tabassé à mort par la police au sortir d'un cybercafé ; sa dépouille abandonnée sur place a scandalisé les gens du quartier avant d'outrer l'Égypte entière.

La police, pour se disculper, a accusé la victime de trafic et de consommation de drogue. Cette fausse accusation a augmenté l'outrage suscité par l'impunité policière. Le meurtre a été commis le 6 juillet 2010. Depuis lors, une page de Facebook a rassemblé près de six cent mille personnes pour défendre la mémoire du disparu diffamé.

Aujourd'hui l'on sait que l'initiateur de l'appel pour le 25 janvier comme de la page mobilisant en faveur de Khalid Saïd n'est autre que Wael Ghunaym qui a été arrêté le soir du 25 janvier pour être libéré le 7 février.

Wael est un cadre exécutif chez Google. À sa sortie de prison, les jeunes de la « République de la place Tahrir » l'ont accueilli en héros avant d'en faire leur porte-parole. Quant à lui, il refuse tout statut de héros sauf celui des *key boards* (« clés du *computer* »).

Il insistera dans ses multiples déclarations sur le fait que ce sont des jeunes sécularisés qui ont animé le processus révolutionnaire menant à la chute du dictateur ; ceux-ci n'ont aucune affinité avec les Frères musulmans, précise-t-il.

Ces jeunes ont détourné le *Yes we can* qui a conduit Obama à la Maison Blanche en *No you can't* à l'adresse de Moubarak persistant dans son maintien au siège de la présidence.

Amina me transmet son bonheur d'avoir vécu deux révolutions en un mois. Elle en a respiré l'air entre Tunis et Le Caire. « Ce sont des événements rares. Quelle chance d'en avoir été les contemporains ! Il est rare de voir dans les yeux des gens le bonheur, l'espoir, la sérénité. Cela n'arrive pas tous les jours surtout dans des pays où personne n'était épanoui. Les gens sont passés du jour au

lendemain du désespoir et du dégoût à des senti-
ments contraires. La révolution est un moment de
communion. Dans aucune autre circonstance les
gens ne sont ainsi. Il y a aussi cet autre plaisir de
voir les gens faire l'histoire, une histoire qui n'a été
prévue ni par les politologues ni par les socio-
logues ; ceux-ci ont passé leur vie à étudier ces
sociétés et à se tromper. »

Amina rappelle sa position de laquelle elle n'a
jamais dévié ; elle était depuis toujours contre la
répression qui a été dès le commencement de
l'État postcolonial le seul mode de gouvernement
même à l'époque où les islamistes ne représentaient
aucune force.

Le mouvement parti de Sidi Bouzid a eu sa première concrétisation le vendredi 14 janvier à Tunis,
avec la chute de Ben Ali. Il se répercutera en Égypte
et trouvera sa deuxième réalisation un autre vendredi, le 11 février, avec la démission de Moubarak.

En Égypte comme en Tunisie, la condition
sociale qui favorise une situation révolutionnaire
s'est présentée : la société a fait taire ses dissensions
et ses antagonismes pour connaître une union tem-
poraire qui a fédéré ses parties – ses riches et ses
pauvres, ses lettrés et ses analphabètes, ses vieux et
ses jeunes, ses femmes et ses hommes, ses musulmans et ses chrétiens.

La dramaturgie qui ordonnance les événements
a suivi le même parcours. Mais le temps dramatique a changé. Ce qui est arrivé au Caire avait en

mémoire ce qui s'est passé à Tunis. D'abord il y a eu une condensation : les faits tunisois qui ont étayé les journées du jeudi 13 et du vendredi 14 janvier se sont concentrés en s'inversant sur les berges du Nil le 25 janvier. La manifestation et le mot d'ordre : « Moubarak, dégage ! » ont précédé le discours décalé du président, inopérant malgré ses concessions car en retard par rapport aux événements.

Ensuite il y a eu une expansion : la chute du dictateur qui a eu lieu en une journée à Tunis a mis dix-huit jours pour advenir au Caire.

Entre les deux situations tout était similaire. Mais en Égypte le drame s'est déroulé avec plus d'intensité, à la puissance dix. C'est normal pour un pays dix fois plus grand, abritant une population dix fois plus nombreuse, religieusement plus hétérogène, anthropologiquement moins moderne, moins instruite, avec une démographie non régulée et une misère plus répandue.

On y a vu les mêmes ingrédients se déployer. Face à la détermination des protestataires, le clan présidentiel et le parti-État ont envoyé leurs sbires pour semer la terreur, briser l'élan mobilisateur, créer le chaos, retourner l'opinion. Et les discours présidentiels multipliaient les concessions sans jamais rattraper leur retard au point que le dernier d'entre eux paraissait si décalé qu'on se demandait si Moubarak était encore dans le réel ou s'il n'était pas le fantôme d'un des « dormants de la caverne », revenant après une longue absence dans un monde transformé.

Nous nous interrogeons sur le cours que prendront les événements étant entendu que l'Égypte dispose d'une armée autrement plus puissante et autrement plus déterminante dans l'histoire et la politique depuis soixante ans.

L'Égypte a un rôle et un poids géopolitiques autrement plus importants qui prédisposent à la pression étrangère. Sa société est bien plus marquée par l'islamisme diffus, ce qui fait d'elle une société plus obscurantiste, plus archaïque, tolérant moins la mixité sexuelle. Et l'islamisme organique y est beaucoup plus implanté.

Quoi qu'il advienne, sachons que notre monde change. Après la liberté advenue dans les pays de l'Est européen, après la fin des dictatures en Amérique latine, voici venu le temps du monde arabe pour s'affranchir de son asservissement. Telle est la métamorphose de l'histoire. Quelles que soient les péripéties par lesquelles nous passerons, jamais rien ne sera comme avant.

Ce processus n'a été ni conçu ni vécu dans l'horizon identitaire. Ceux qui l'ont initié sont des jeunes qui s'identifient aux individus globalisés. Ils rêvent d'être dans le monde, de l'enrichir par ce qu'ils sont, de pouvoir se déplacer et y circuler sans entraves, en procédant librement aux allers et retours entre chez eux et ailleurs.

Ils rêvent d'être dans le monde à partir du lieu

qui les a vus naître ; ils s'imaginent nomades modernes, déterritorialisés, disséminés, différant l'appartenance et son culte, sans avoir ni à l'exalter ni à la dénigrer, ni à la servir ni à la trahir. Ils se voient vecteurs de la mondialité à laquelle chacun contribue pour écrire une nouvelle table des lois commune, miroir d'une cosmopolitique à venir.

Cette jeune génération orientale du digital vient de donner une leçon à ses propres aînés et à l'Occident. Elle inaugure une nouvelle forme politique, une autre façon de participer à l'histoire.

La connexion entre les internautes égyptiens et tunisiens est établie. Les uns et les autres s'inspirent de leurs camarades serbes du groupe Optor qui avaient déjà agi contre la dictature de Milosevic en appliquant la théorie du penseur politique américain Gene Sharp de la Fondation Albert Einstein. Dans *Dictature et démocratie* (à télécharger gratuitement dans de multiples traductions dont la française et l'arabe), Sharp estime que la lutte non violente contre les dictatures est la plus efficace : ne détruit-elle pas l'argument de la police qui légitime son recours à la répression sanglante en invoquant la violence dont usent ceux qui s'insurgent contre l'ordre établi ? Il constate que la dictature se maintient en raison de notre obéissance et propose de trouver la voie qui affranchit de l'asservissement en s'appuyant sur les idées du *Discours de la servitude volontaire* de La Boétie. Gene Sharp prône la défiance, la désobéissance et l'insoumission. Son livre est un manuel qui propose des recettes et des actions concrètes aux dissidents non seulement pour se débarrasser de la dictature mais aussi pour préparer l'allée vers la démocratie.

Cette voie est entravée par bien des écueils ; il faut éviter qu'une autre dictature bien pire ne remplace celle qu'on vient de défaire. L'Iran n'est-il pas passé de l'autorité du shah à celle de l'imam ? La violence de la terreur révolutionnaire dépasse celle qu'exerce la dictature. Elle ne conduit pas à la démocratie mais restaure une dictature de nature encore plus maligne. C'est le principe de non-violence qui éclaire l'avènement de la démocratie.

Un tel manuel était lu, discuté, médité, adapté, mis en pratique par les jeunes qui ont occupé Maydan Tahrir au Caire depuis le 25 janvier jusqu'après le 11 février, jour de la démission de Moubarak.

Les propositions de Sharp ont trouvé avec l'universalisation d'Internet et surtout l'invention de Facebook de redoutables moyens d'action. Les internautes égyptiens et tunisiens ont l'ambition d'intervenir à l'échelle du monde arabe et d'aider leurs camarades des autres pays. Une organisation au Qatar coordonne leurs efforts. Elle s'appelle Academy of Change et applique les principes prônés par Gene Sharp.

Depuis le 17 février, les Libyens les testent à leur tour. Dans leur volonté de respirer la liberté dont ils ont été privés pendant quarante-deux ans, ils auront à affronter un dictateur atteint de paranoïa aiguë. Son obstination ne fera qu'augmenter la malignité du mal que la seule non-violence n'épuisera pas.

Le mouvement de la dissidence arabe articulé sur le Web n'est pas aussi improvisé qu'on l'a cru. Obama en a perçu l'importance, lui dont les partisans ont utilisé massivement Internet pour sa campagne électorale. Le président américain constate que ce type d'action via le Web disqualifie les partis politiques traditionnels. Il a vu dans ce qui vient de Tunisie et d'Égypte la possibilité de porter un coup mortel au mythe d'al-Qaida et de proposer un autre récit édifiant à l'imaginaire arabe et islamique, celui de la liberté.

Bush Junior et ses conseillers néoconservateurs ont voulu par les armes apporter la démocratie au Proche-Orient arabe. Ils ont envahi l'Irak et ils ont échoué. En revanche, en usant de moyens pacifiques, selon un processus interne, les nationaux tunisiens et égyptiens approchent de la démocratie qui se découvre à portée de main. Si le 11 septembre à New York et Washington illustre la maladie, le 14 janvier à Tunis confirmé par le 11 février au Caire propose le remède.

Tels sont les enjeux qu'aucun de nos experts ni de nos intellectuels n'a intégrés dans ses analyses. Surtout pas ceux parmi eux dont le souci d'Israël oriente le jugement. En Israël même les experts n'ont rien vu venir. Après la chute de Ben Ali, ils ont estimé que le même mouvement a une chance maximum de 20 % de réussir en Égypte.

Ces informations, je les extrais d'un article paru dans le *New York Times* daté de ce jour du 14 février 2011. Il est signé par David D. Kirkpatrick et David E. Sanger.

Pour ceux qui n'ont que le souci d'Israël, le résultat paraîtra paradoxal et d'une ironie cruelle : aux yeux des animateurs du Web qui ont orchestré la révolution du 25 janvier place Tahrir au Caire, les ennemis déclarés de leur mouvement sont ceux qui se sont obstinés à soutenir Moubarak jusqu'au dernier souffle, à savoir Israël et l'Arabie saoudite. « C'est triste », écrira un exigeant défenseur de l'État hébreu, Thomas L. Friedman, dans sa chronique parue le même jour dans le même quotidien new-yorkais (« *Why were you with Pharaoh, Israel ?* »). Triste de voir Israël démocratique associé à l'Arabie théocratique. Triste qu'Israël soit ami de celui qui est Pharaon pour les manifestants, et ennemi de ceux-ci qui se voient dans le rôle de Moïse.

Je finirai par une dernière question que suscite en moi la génération digitale qui a produit cet événement historique et inaugural. Telle génération est réputée non liseuse, coupée des humanités. C'est une des raisons qui m'ont éloigné d'elle, qui m'ont renforcé dans mon exil et mon retrait pour que soit maintenu mon anachronisme.

Mais, depuis que j'ai rencontré sa sagesse, sa pertinence, son sens de la liberté, de la dignité, de la justice, du partage, de la générosité, de la non-violence ; depuis que j'ai pris part à sa disponibilité, sa disposition à l'aventure, son courage enfin ; depuis lors je m'interroge.

J'ajoute à ma perplexité la vision que j'ai eue à Berlin voilà quelques saisons. Me promenant en plein centre, dans un Mitte restauré et rénové, flânant devant les établissements qui dispensent tous les savoirs, enchaînant les façades néoclassiques des divers instituts de l'Université Humboldt portant encore les traces de la bataille de 1945, traînant le pas dans l'île des musées, déchiffrant les épitaphes latines et grecques qui ornent les frontons, je me suis dit : « Non seulement ceux qui ont peuplé cette impressionnante infrastructure humaniste n'ont pas empêché le pire mais encore ils l'ont légitimé ou s'en sont accommodés. »

Les humanités n'ont pas entravé le nazisme, certains de ses maîtres ont même accompagné l'infâme. Rien n'est en soi l'antidote de la malignité du mal qui ronge l'humain. Les belles-lettres, les beaux-arts ne sont pas un en-soi ; ils sont ce que l'on en fait. Ils sont une matière et un instrument. Ceux qui s'en nourrissent sont capables du meilleur et du pire. Exactement comme Internet. Mais un être au préalable moral, maître du *computer*, serait meilleur sur le chemin de la perfection s'il s'initiait à l'entretien avec les morts ; il grandirait s'il s'imaginait le contemporain des voix qui continuent de nous parler du fin fond des siècles et des millénaires.

Telles sont les pensées qui ont fermenté dans mon esprit. Tel est le témoignage qui a rempli mes sens. Les mots qui les signifient sont parvenus jusqu'à ma main qui les a transcrits en ce moment d'exception que je préserve inaltérable en son exception.

Lorsque la règle reviendra et la banalité fera retour, dès qu'on passera de la poésie à la prose, nous rejoindrons l'antre du retrait et renouerons avec l'esseulement pour lequel nous marchons sur les sentiers du monde, le cœur qui creuse son vide, dans un appétit d'être qui, parfois, tarde à reconnaître la matière propre à assouvir sa soif.

Tunis, le 31 janvier 2011
Paris, le 19 février 2011

Post-scriptum

Nous n'avons pas été surpris par la démission de Mohamed Ghannouchi survenue le 27 février, au moment où nous relisions les épreuves de ce livre. Cette décision a été imposée par les protestataires qui veulent en finir avec les pratiques de l'ancien régime. Leur manifestation pacifique la veille a été détournée par des éléments troubles qui ont provoqué la violence de la police. Cinq victimes ont allongé la liste des morts. Les agents et partisans de Ben Ali et du RCD n'ont pas encore été totalement défaits. Dans le discours qui annonçait sa démission, l'ex-Premier ministre a dit en français dans le texte : « Je ne veux pas être l'homme de la répression. »

Ghannouchi a été remplacé dans l'heure par Béji Caïd Essebsi, ancien ministre de Bourguiba, libéral de formation juridique, qui s'est retiré du champ politique depuis le début des années 1990 après avoir été président de la Chambre des députés pendant deux ans sous le premier mandat de Ben Ali.

Sera-t-il, en technicien compétent, l'homme du consensus ? Ou subira-t-il le même sort que son prédécesseur à la tête d'un gouvernement qui est contesté dans son principe par les partisans de la table rase et de l'éclatement du cadre légal hérité ? Il est vrai que c'est un octogénaire dont le profil ne répond pas aux attentes de la nouvelle génération qui a été à l'origine de la révolution. De plus, les opposants récusent cette nomination qui s'est faite dans l'ombre du cabinet présidentiel, sans concertation.

Nous comprenons ceux des protestataires qui savent que la mobilisation actuelle ne se représentera pas de sitôt. Autant saisir telle circonstance pour s'affranchir des modalités autoritaires persistantes. Notre prudence ne couvre pas cette précaution que nous approuvons. Elle vise ceux qui veulent dans l'immédiat imposer une Constituante, ce qui interromprait la continuité de l'État et prolongerait un vide que quelque force occulte comblerait pour le pire.

Le vide est le meilleur allié de la terreur. Or nous voudrions que cette révolution demeure non violente, courtoise, tout empreinte de civilité. Nous souhaiterions qu'elle ne soit pas entachée par une démesure sanglante. Et que soit préservée la sagesse qui a apprivoisé, jusque-là, la tentation de l'*hybris*.

La veille de sa démission, le Premier ministre Mohamed Ghannouchi a reçu la blogueuse Lina Ben Mhenni qui lui a demandé pourquoi il ne répondait pas à la revendication d'une Constituante, réclamée par le grand nombre. Ce serait, selon elle, le signe patent dont les révolutionnaires ont besoin, celui qui affirmerait une rupture sans ambiguïté avec la situation contre laquelle ils se sont insurgés.

Je rétorque aux partisans d'une Constituante qu'une telle entreprise ouvrirait la voie aux enchères démagogiques et populistes émanant de sources inconciliables dont la somme produirait un ensemble bancal et bigarré. Je préfère une Constitution rédigée par un groupe d'experts qui, dans la logique exclusive du droit, construirait un édifice cohérent tenant compte de l'expérience des nations. Ainsi le meilleur serait notre lot. Nous aurions contribué au triomphe de l'utopie.

Un tel texte serait proposé à l'assemblée élue représentant la souveraineté du peuple dont les élections auront lieu à la mi-juillet, selon l'agenda d'un gouvernement transitoire qui risque, hélas!, d'être éphémère. Cette assemblée élue discuterait le texte, l'amenderait, le corrigerait pour finir par l'avaliser en le votant.

J'insiste sur l'avantageux point de départ dont nous disposons. Le sécularisme qui nourrit la Constitution de 1959 est un bien précieux, quasi unique dans un contexte anthropologique de généalogie islamique. La citoyenneté y est conçue selon une égalité qui n'accorde aucun privilège à la distinction par l'ethnie, la religion, le sexe, la langue. Il reste aux juristes à nous inventer un système médian qui éviterait les écueils et du présidentialisme et du parlementarisme.

Au vu des démissions ministérielles qui s'enchaînent au fil des heures, ce gouvernement transitoire est destiné à disparaître. Par quoi sera-t-il remplacé ? Sommes-nous dans la logique de quelque Comité de salut public ? L'appellation consonne avec l'annonce de la Terreur. J'espère que ces premières semaines commencées le 14 janvier 2011 ne seront pas enregistrées par l'histoire comme une utopie interrompue. J'espère que nous ne serons pas rattrapés par le mal qui loge dans l'humain.

J'ai peur que s'ouvre sous nos pieds le gouffre de l'aventure. Je voudrais que chacun réinvente sa prière pour lui donner l'intensité qu'exige le péril à conjurer. Que cette révolution demeure fidèle à l'esprit qui a éclairé son commencement. Qu'elle s'assigne la modeste mais ô combien glorieuse tâche d'apporter la liberté à un peuple qui n'en a jamais humé la fragrance. Et qu'elle lui épargne la promesse des lendemains qui chantent. L'histoire nous montre que telle promesse ouvre les trappes de l'enfer.

Table

1. Par surprise 9

2. Ici commence 13

3. De Siwa à Alexandrie 17

4. Retour à Paris 22

5. Émirat et dictature 24

6. La responsabilité de Bourguiba 28

7. Sur la Toile 31

8. L'identification 34

9. L'accord du temps 38

10. La cristallisation 43

11. Solidarité 47

12. Face à l'islamisme 51

13. L'euphorie 55

14. La manifestation de Paris 59

15. L'Appel du 17 janvier 63

16. L'exemple tchèque 66

17. À Tunis 70

18. De la transition 74

19. De la commission juridique 79

20. Des deux autres commissions 85

21. Où la liberté s'exprime   89
22. Une armée civique   93
23. Du rôle d'Internet   96
24. Liberté de penser 101
25. Démocratie et transparence. 107
26.Vision en médina. 111
27. Sur l'avenue Habib-Bourguiba 114
28. Mesurer la menace islamiste 121
29. L'épreuve démocratique 126
30. Multiple pays 132
31. À Sidi Bouzid 143
32. Sur la tombe de Mohamed Bouazizi. . . . 150
33. Le décentrement. 156

Post-scriptum 169

Pari de civilisation
essai, 2009

La Plus Belle Histoire de la liberté,
avec Nicole Bacharan et André Glucksmann,
2009, rééd. coll. « Points », 2011

Aux Éditions Fata Morgana

Récit de l'exil occidental
par Sohrawardi, traduction de l'arabe
et commentaire, 1993

Tombeau d'Ibn Arabi
poésie, 1987, rééd. 1995

Les 99 stations de Yale
poésie, 1995

Blanches traverses du passé
essai, 1997

Aya dans les villes
récit, 1999

Matière des oiseaux
poésie, 2001, prix Max Jacob

Chez d'autres éditeurs

Talismano
roman, Christian Bourgois, 1979
rééd. Actes Sud-Sindbad, 1987

Les Dits de Bistami
traduction de l'arabe et commentaire,
Fayard, 1989

Ré Soupault, La Tunisie 1936-1940
éd. bilingue française-allemande,
Wunderhorn, Heidelberg, 1996

En Tunisie
avec Jellal Gasteli et Albert Memmi,
Tchou, 1998

Face à l'islam
Entretiens avec Philippe Petit
Textuel, 2004

Surexposée Tchétchénie
avec Maryvonne Arnaud
Le bec en l'air éd., 2005

La Conférence de Ratisbonne.
Enjeux et controverses,
avec Jean Bollack et Christian Jambet,
essais, Bayard, 2007

Aux Éditions Maisonneuve & Larose – Dédale
(ouvrages collectifs comme éditeur et coauteur)

L'Image et l'Invisible, 1995
Multiple Jérusalem, 1996
Postcolonialisme, 1997
Déserts, 1998
La Venue de l'étranger, 1999
Poésies: Technique, Métaphysique, 2000

Composition IGS-CP
Impression CPI Bussière en mars 2011
à Saint-Amand-Montrond (Cher)
Editions Albin Michel
22, rue Huyghens, 75014 Paris
www.albin-michel.fr

ISBN : 978-2-226-22089-9
N° d'édition : 19735/01. – N° d'impression : 110498/1.
Dépôt légal : avril 2011.
Imprimé en France.